U0909613

语言行为与口吃

陈介宏　主编

上海科学普及出版社

图书在版编目(CIP)数据

语言行为与口吃/陈介宏主编. —上海：上海科学普及出版社，2010.9

ISBN 978-7-5427-4601-6

Ⅰ.①语… Ⅱ.①陈… Ⅲ.①口吃病-语言矫正 Ⅳ.①H018.4

中国版本图书馆 CIP 数据核字(2010)第 155866 号

责任编辑 宋惠娟

语言行为与口吃

陈介宏 主编

上海科学普及出版社出版发行

(上海中山北路 832 号 邮政编码 200070)

http://www.pspsh.com

各地新华书店经销 上海万卷印刷有限公司印刷

开本 890×1 240 1/32 印张 4.125 字数 95 000

2010 年 9 月第 1 版 2010 年 9 月第 1 次印刷

ISBN 978-7-5427-4601-6 定价：29.00 元

前　言

口吃这一语言行为中的特殊现象，在人类对它漫长的认识过程中关于口吃的观点和论点层出不穷，由此而衍生出治疗口吃的方法更是五花八门。人类认识口吃尽管在某些方面已取得了一些进展和成果，但却经历了漫长而曲折的过程。为了早日战胜口吃，加强公众对口吃的认识，1998 相关国际组织把每年的 10 月 22 日定为“国际口吃日”。根据国际口吃联合会的预测，口吃患者的比例占人口比例的 5‰～8‰，据保守地估计我国有 800 万以上的口吃患者。

口吃的痛苦和烦恼是无口吃者无法感受和想象的，这也给无口吃者在认识口吃的思路和方法上，蒙上了神秘的面纱。很多口吃研究者从各自的视角和观点出发，运用了各种仪器设备对口吃进行了探索和研究。由于各自在感悟和认识与感觉和体会上存在差异，使大家认识口吃一直处在“盲人摸象”公说公有理、婆说婆有理的状况。由于各学科在认识口吃的观点上不能形成共识，使大家对口吃原因与治疗口吃方法的认识，就变得更加扑朔迷离，而究竟是什么原因造成的口吃一直没有定论。

作者总结了二十五年来对口吃的认识和消除口吃的经验，结合相关学科研究撰写了《语言行为与口吃》。适合广大口吃患者和口吃研究者，是一本认识防止儿童口吃发展形成口吃语言习惯，帮助广大口吃朋友消除口吃语言习惯的综合性科普读物。

内容简介

《语言行为与口吃》是一本专门论述语言行为与口吃的书籍。本书从人类的本能和特性出发，在研究探索语言和语言行为的基础上，阐述了认识语言行为与口吃内在联系的观点和论点。开创了在人类本能和特性基础上，感悟与认识、感觉与体会、认识与意识、意识与行为、行为与行为方式的口吃研究思路，为科学认识语言行为自然现象中的口吃表现，探索了新的方向。

本书分七个章节，由脑科学与口吃研究的认识、语言和语言行为的基础性论述、语言行为与口吃内在联系的认识、改变和消除口吃的要点和方法等四大部分组成。第一部分即第一章从脑科学入手，阐述了大脑组织内语言活动与语言和语言行为的内在联系。第二部分由第二、三章组成，从语言天赋和语言性质对语言和语言行为进行了基础性论述，从自然现象中阐述了认识语言行为与口吃内在联系的观点和论点。第三部分即第四章，在语言和语言行为的理论基础上，对语言行为与口吃内在联系的本质进行了论述。阐述了口吃的由来、口吃表现与原因、口吃语言规律、口吃语言习惯以及口吃定义。第四部分由第五、六、七章组成，在语言行为与口吃理论基础上，阐述了改变和消除口吃的要点和方法，并对如何预防儿童口吃和消除成人口吃的具体方法进行了详细论述。实践是检验真理的唯一标准，望本书能对防止儿童口吃、改变和消除成人口吃有所帮助，让口吃者生活更美好。

目　录

第一章　脑科学与口吃研究

大脑组织是思维活动和产生意识的核心器官，语言作为交流思维信息的载体，语言产生必然源于大脑思维活动。人类是高智商的动物，思维活动的感知和认知形成了印象和概念，必然会形成自我意识的行为意识。行为是意识的表现形式，语言行为作为自我意识的表现形式，必然会受到语言意识的作用。虽然口吃表现在发音系统表达思维信息的过程中，但我们认识口吃却不能停留在口吃表现的现象上，必须对脑科学与口吃的内在联系有所了解。

口吃研究离不开对脑科学的认识，脑科学研究是认识口吃和研究治疗口吃方法的基础。尽管口吃表现在发音系统语言行为过程中，而造成口吃的深层次原因不是单纯发音系统语言行为的问题。认识和研究口吃首先要把语言作为行为范畴，把口吃作为语言行为表达思维信息过程中的行为表现，才能从大脑组织语言活动与语言行为内在联系中认识和发现口吃的起因和原因。我们不但要创建语言行为与口吃研究的理论，还有必要对口吃研究领域内存在的错误观点和论点形成客观的认识。客观真实地认识口吃是口吃研究的基本态度，认识口吃原因离不开脑科学与口吃内在联系的认识。本章开始将对口吃研究领域内两大错误观点和论点略作论述，使我们认识口吃和治疗口吃的思路与方法，能沿着正确的方向健康地发展。

1. 口吃生理因素论

口吃生理因素论从19世纪初开始盛行。1817年，法国聋哑教育家伊达德发表了口吃研究报告。他认为：口吃是控制喉咙和舌部运动的神经系统发生先天性虚弱痉挛所致，除了医药治疗外，还主张做语言发音系统器官功能的运动和练习。当时尽管有些研究者提出了一些有价值的观点和主张，其主流仍认为口吃原因主要是发音系统生理因素造成的。在口吃生理因素论的主导下，使当时口吃研究的对象和范围，基本上局限在语言发音系统的生理器官和语言行为的表现上。

在口吃生理因素论的主导下绝大多数研究者就形成了普遍认识，认为语言行为发生口吃是发音系统生理器官在发音过程中，没有把组成语言的语音发好造成的。很多生理学家从生理学角度分析了发音系统生理器官在构音和发音过程中的运动状况，发现口吃者发生口吃时发音系统生理器官的运动有异常状况。语言由语音组成，发音系统生理器官没有发好组成语言的语音，造成了语言行为中口吃的发生。如此推理，发音系统生理器官没有把语言的语音发好造成了口吃发生，口吃原因就应该是发音系统生理因素造成的。从发生口吃的现象看，口吃生理因素论论据实在，逻辑推理也合乎情理。而且绝大多数口吃者在发生口吃时，又都有发音困难和语阻的感受。在口吃原因尚无定论的情况下，诸多因素就推波助澜了口吃生理因素论观点的生存和发展。我们从口吃生理因素论产生和形成的过程中不难看出，这个观点只是从发音系统语言行为口吃表现的现象上，得出了口吃生理因素论的结论。

语言是交流思维信息的载体和工具，语言行为是语言功能表达思维信息的行为表现，毫无疑问语言产生和形成必然源于大脑思维活动。这就确定了思维是语言的基础这一语言行为最根本的性质。口吃生理因素论把语言作为一种声音，把语言行为作为发音系统生理器官的发音行为，显然违背了语言的最根本性质。口吃生理因素论脱离了语言产生和形成的基础，违背了语言最根本的性质显然是不科学的。

生物的生长、进化、运动、行为、特征、结构，是生存意识所表现出的生命运动。生命运动是生存意识的体现，是生物生命意识内在规律的组成部分。语言发音系统生理器官在发音过程中，不但需要声道、声带、口腔等器官功能的协调配合，还离不开肺部胸腔气流的参与。这些运动和行为都是由生命运动按内在规律进行的。人类是高级动物，不但具有生命意识作用的潜意识运动和行为，大脑组织的感知和认知，还具有产生和形成自我行为意识的特性。思维活动自我意识通过感知和认知形成了行为意识，行为功能在大脑中枢控制指挥下就能进行有意识的活动和行为。人类有发达聪慧的大脑组织和思维活动，语言行为必然是思维活动引导语言意识使大脑语言功能活动，大脑中枢控制指挥发音系统表达思维信息的行为表现。语言发音系统是语言系统的组成部分，而发音系统只是大脑语言中枢控制指挥表达思维信息的发音器官。语言行为时没有大脑思维活动语言不会产生，没有语言意识作用大脑语言功能活动，语言中枢是不可能控制指挥发音系统进行语言行为的。口吃生理因素论把语言行为时，发音系统功能与大脑思维、语言意识、大脑语言功能活动相脱离，显然是错误的。

我们否定口吃生理因素论不是否定发音系统在语言行为中的重要作用，而是否定把口吃原因归咎于发音系统生理因素的观点和论点。

语言行为离不开发音系统生理器官的发音，发音系统表达思维信息时发生口吃的原因，决不可能是单纯发音系统生理因素造成的。大量科学研究已经证明，口吃者与无口吃者在语言系统生理和功能上不存在差异。口吃生理因素论研究口吃局限在发音系统的生理器官和功能上，他们对口吃认识的观点和论点肯定是不科学的，更不可能成为指导治疗口吃方法的理论。

2. 口吃生理因素论治疗口吃

在口吃生理因素论的基础上，衍生出许多治疗口吃的相关方法。虽然有些研究者提出了一些有价值的治疗口吃的方法，其主流观点仍认为口吃原因是发音器官和呼吸器官的器质性病变造成的。在此基础上许多研究者提出了一整套口吃者语言练习方面的呼吸和发音练习法，其中有呼吸训练、母音练习、子音练习和言语练习等方法。其要点就是让口吃者一音一音、一语一语、一句一句，静静地根据呼吸节奏练习发音系统的发音行为，或从语句、长句、简短讲故事、独自说话的渐进式口语练习等，通过语言练习逐渐提高发音系统的语言行为能力，从而达到纠正和克服口吃者发音困难、语阻等口吃表现。这些呼吸法和发音法的语言练习和训练，后来就发展成了现在口吃者语言练习的基础。

发音系统发音法的语言练习，的确能改善和提高发音系统语言行为的能力，但不能从根本上改变发生口吃的语言行为方式。这种语言练习的过程，只是口吃者语言功能不按内在规律进行语言行为的行为重复。在发音法的语言练习过程中，语言行为是机械思维主导下的语言行为，而对改变口吃者语言行为方式没有实质性意义。很多口吃者很纳闷，为什么我们语言练习时语言行为中口吃现象大有改观，而回到现实生活中语言行为的口吃还是会恢复到原来的状态，认为这是口吃复发了。其实这不是口吃复发，而是这种语言练习根本没有改变发生口吃的语言行为方式。现实生活中语言行为要表达的思维信息，是丰富多彩和千变万化的，不可能是机械思维模式化的重复。口吃生理因素论的语言练习只是发音系统发音行为的训练，而发生口吃的语言功能的行为方式没有改变，是不可能从根本上消除口吃的。口吃者要清楚地认识到：发音系统语言行为能力差与弱，决不是语言行为中发生口吃的根本原因。口吃者只有通过科学的语言练习，使语言功能按自然规律进行语言行为，才能从根本上改变发生口吃的语言行为方式，从而达到逐渐消除口吃语言习惯的目的。

用呼吸法治疗口吃更是缺乏科学依据，大家知道肺部呼吸是无须也不受自我意识和行为意识作用的。无口吃者语言行为时是不会考虑肺部呼吸的情况，再去进行语言行为的。发音系统语言行为离不开肺部呼出的气流震动声带，而肺部呼吸是根据语言行为需要，由生命意识协同语言意识作用生命运动产生的活动和行为。这就像我们正常行走时，左脚向前迈出右手就会自然地向前摆动。这是因为我们在学习行走过程中，大脑组织内已经形成了走路行为的平衡意识。我们在走路时左脚向前迈出，平衡意识作用大脑相关功能控制指挥右手，就会自然而然地向前摆动。如果我们语言行为时还要考虑肺部呼吸，那人类的进化还没有进入有生命意识的智能阶段。口吃者在语言行为中发生了口吃，用这种改变人类本能和特性的方法治疗口吃显然是荒谬的。

往往很多事情由于认识和方法上的错误，不但使我们的努力不能改变现状，还会适得其反。没有正确理论指导的实践是不可靠的，口吃者不从口吃生理因素论治疗口吃的误区中走出来，我们为改变和消除口吃所做的努力只能是在错误中消耗。口吃者要消除口吃语言习惯，不但要提高发音系统语言行为的能力，关键是要从根本上改变发生口吃的语言行为方式。口吃者用科学方法使语言功能形成按自然规律进行语言行为的方式，发音系统语言行为能力自然会逐步地提高，这才是我们改变和消除口吃的正确途径和方法。

3. 口吃心理因素论

口吃者在生活中都有回避和恐惧语言行为的心理活动，这样就使正常语言交流与无口吃者相比要减少很多。口吃者少言寡语改变不了口吃现状，语言功能行为能力长期得不到实践的练习就会逐渐地衰弱。口吃语言习惯使口吃者语言行为能力整体下降，就更无法自然地进行语言行为。口吃者恐惧语言行为是恐惧语言行为中的口吃，也是自我意识对语言行为产生的本能反应。口吃者恐惧语言行为的心理活动，大大干扰了语言行为时大脑组织内语言活动的自然进行，加剧了发音系统语言行为中的口吃表现。进而口吃产生心理活动的负面影响，又加剧了语言行为恐惧感。这样口吃者就陷入了：口吃→恐惧语言行为→少言寡语→语言行为能力下降→口吃加剧→恐惧语言行为这样一个不断加剧的恶性循环之中。绝大多数口吃者对语言行为恐惧感都深有感触，语言行为时恐惧感又客观地存在，因此口吃心理因素论就应运而生了。这大概就是口吃心理因素论观点和论点的依据，以及口吃心理因素论能得以生存并盛行的主要原因。

从心理学常识来说，思维活动对感知和认知产生了恐惧心理，就形成了对行为功能产生作用的自我意识。中国有句古话：一朝被蛇咬，十年怕井绳。就是指思维活动对感知和认知产生了心理活动，自我意识形成的行为意识在心理活动影响下，对行为功能形成行为方式产生作用。口吃者对口吃产生的恐惧感，必然作用语言功能做出回避语言行为的反应。不可否认口吃者恐惧语言行为的心理活动与口吃有因果关系，而口吃者恐惧语言行为的心理活动是口吃引发的，决不是恐惧心理造成了语言行为中的口吃发生。口吃者恐惧语言行为的心理活动与口吃原因，是两个不同性质的概念。口吃者有恐惧语言行为的心理活动，就把恐惧心理与口吃原因划等号显然是荒谬的。

人受到惊吓时，生理反应会产生紧张和心跳加快。我们要避免紧张和心跳加快的发生是要消除惊吓，惊吓不消除，紧张和心跳加快就无法消除。口吃者对语言行为有恐惧感是恐惧语言行为中的口吃，不是恐惧心理造成了语言行为中口吃的发生。我们要消除口吃者对语言行为的恐惧感，是要帮助口吃者消除口吃表现。口吃者的口吃表现不消除，又从何而谈消除恐惧语言行为的心理活动，这是一个不需探讨简单而清晰的因果关系。语言行为中发生口吃肯定有原因，而口吃者有语言行为恐惧感，就把口吃原因归咎于正常生理和心理反应是肯定站不住脚的。口吃心理因素论把口吃对口吃者心理层面产生负面影响的正常现象和自然反应，作为造成口吃原因的理论依据，从某种意义上来说是对口吃原因的误导。

科学就是科学，科学来不得半点虚假，口吃原因是一个严谨的科学问题。我们只有用科学的态度和方法通过现象看本质，才能对口吃原因有个客观真实的认识。我们否定口吃心理因素论不是否定心理因素与口吃的内在联系，而是否定把口吃原因归咎于口吃者恐惧语言行为心理因素的错误观点和论点。无论是口吃者还是口吃研究者，不从口吃心理因素论的思想桎梏中解放出来。我们为消除口吃语言习惯所做的任何努力，只能是在错误中的徘徊和消耗。

4. 口吃心理因素论治疗口吃

大家知道无口吃者语言行为时也会发生口吃，由于他们没有语言行为的口吃语言习惯，自我意识就不会在意口吃表现，心里怎么想还是怎么说。无口吃者发生了口吃我们去提醒，他们自我意识到了口吃，语言行为在语言意识作用下会马上恢复正常。口吃者形成了口吃语言习惯又有语言行为恐惧感，语言行为发生口吃时我们去提醒，反而有加重口吃表现的可能。根据两者这些差异现象的存在，口吃心理因素论就推断：口吃者恐惧语言行为的心理活动是引发和造成口吃的原因。由此就衍生出了口吃心理因素论治疗口吃的方法，即疏导口吃者心理障碍和突破心理障碍的相关口吃治疗法。疏导心理障碍口吃治疗法是通过心理治疗缓解口吃者对语言行为的恐惧感，让口吃者能心平气和地对待和进行语言行为。主要方法就是让口吃者调节语言行为时的呼吸或匀气，尽可能地放慢语速一音一句地进行语言行为，或打着拍子有节奏像唱歌一样地进行语言行为。突破心理障碍口吃治疗法就是鼓励口吃者到公众场合去进行语言行为，让口吃者去突破恐惧语言行为的心理障碍而提高语言行为自信心，从而达到纠正和克服口吃的目的。

一般情况下，无口吃者语速发生变化或语言行为出现停顿，主要是产生语言基础的思维活动出现了变化或其他原因造成的。如不知道想要说什么或不知道如何表达想要说的思维信息，而绝不是什么呼吸不匀或呼吸频率发生变化造成的。口吃者平时不爱主动说话，发音系统缺乏应有语言行为实践的练习，语言行为能力相对较弱是客观存在。而口吃者语言行为中的口吃表现，绝对不是发音系统语言行为能力弱和语速快慢造成的。语言行为时刻意地放慢语速，即不能提高发音系统语言行为的能力，又违背了语言行为的内在自然规律。用这种不科学的方法治疗口吃是肯定不可取的，从某种意义上来说是邯郸学步、南辕北辙。为什么无口吃者发生了口吃得到了提醒，语言行为会马上恢复正常。而口吃者发生了口吃得到了提醒，语言行为中口吃不但得不到改变，还有加重的可能。这是两者语言行为习惯的根本性区别所在，前者是语言行为方式不按语言规律进行语言行为的表现，后者是口吃语言行为方式形成口吃语言习惯的行为表现。无口吃者语言行为中出现了口吃得到了提醒，语言行为在语言意识作用下会马上回归到原本自然的语言习惯上来。口吃者语言行为中发生了口吃我们越提醒，口吃的语言行为方式会在语言意识作用下进一步强化，语言行为中口吃表现就有加重的可能。

让口吃者到公共场所去进行语言行为搞心理障碍突破，口吃者发生口吃的习惯能改变吗？ 口吃者口吃语言行为方式不改变，语言行为中口吃习惯不消除，恐惧语言行为的心理活动能克服和突破吗？ 口吃者语言行为已形成了口吃语言习惯，口吃就会在语言行为中习惯性地表现出来，又从何而谈突破口吃造成的心理障碍呢？ 这种混淆本质与现象因果关系的治疗方法，只能使口吃者消除口吃的自信心受到挫伤，而加剧语言行为的恐惧感。口吃者恐惧语言行为是恐惧语言行为中的口吃，口吃者口吃表现不消除，恐惧语言行为是正常的生理和心理反应。口吃心理因素论对口吃认识没有科学态度，他们提出治疗口吃的方法就不可能是正确的。

口吃者要消除语言行为的恐惧感，是要树立掌握运用语言功能按语言规律进行语言行为的自信心。口吃心理因素论不是认识口吃原因的定论。口吃心理因素论治疗口吃的方法，不可能帮助口吃者改变语言功能的口吃语言行为方式，就不可能消除口吃者恐惧语言行为的心理活动。

5. 脑科学与口吃

20 世纪初，苏联学者对口吃成因进行过阐述。他认为口吃是大脑皮质正常功能遭到破坏，是一种机质性或功能性中枢神经系统活动障碍现象。例如儿童受到外因过度恐惧惊吓或好奇模仿他人口吃，可能是引发口吃的起因。1934 年医学研究者提出：口吃是语言行为时一侧大脑半球缺乏对另一侧大脑半球的控制优势，此时两侧大脑半球均可发送各自的神经支配信号，结果使控制产生言语器官的相关肌肉运动发生非同步活动，从而造成了口吃。尽管当时脑科学对口吃起因和原因没有做出定论，但脑科学研究使人们对大脑组织内语言活动与语言和语言行为的内在联系有了认识。20 世纪末，随着脑科学研究的深入和脑检测仪器设备的诞生和运用，脑科学被逐渐引入了口吃研究领域。思维是语言的基础，思维活动、语言意识和大脑语言功能活动都是大脑组织内部的活动，发音系统语言行为也是由大脑组织内语言功能区控制指挥的。随着大脑组织内语言功能活动与语言和语言行为内在联系被逐渐揭晓，人类认识口吃进入了生命科学的脑科学领域，拉开了脑科学与口吃研究的大幕。

人的情感、行为、思维活动，在大脑组织内都有着相对固定功能区域的分工。大脑组织不仅是肢体运动和各生理系统活动的控制中枢，也是思维活动和语言行为功能的控制中枢，它是一个高度统合的神经控制中枢，有听觉中枢、语言印象中枢、运动性语言中枢等一系列与语言和语言行为有关的生理结构。大脑语言功能区位于左半脑，在左脑前部有两个语言功能区域，布洛卡区（语言印象区）和语言运动区（语言控制中枢也称为语言中枢）。大脑语言功能是语言系统内语言功能的核心部分，语言和语言行为都是由大脑组织内语言功能活动控制指挥的。

听觉系统语言功能：听觉器官是耳朵，是大脑组织感悟和认识语音的唯一器官。语音从耳朵传入，通过听觉中枢经中枢神经使大脑组织对语音产生感悟和认识。口吃者听觉系统语言功能是正常的，所以在此不作展开探讨。

布洛卡区：听语言时负责对听觉中枢感悟的语音进行鉴别和分析处理，使思维活动从语音中认识和理解语言的内涵信息。思维活动对语言的认识使语言与思维形成了内在联系，大脑组织内就逐渐形成了语言样本的印象和概念。从此听觉器官在接收到相同语音信息时，思维活动通过语言功能使语言与印象和概念产生联系，就能从语音中理解和认识语言的内涵信息。语言行为时布洛卡区负责对思维活动印象和概念的思维信息进行语言化处理，使思维信息形成语音组成的语言，并暂储在左脑内。

语言运动区：是语言行为时控制指挥发音系统执行语言行为的语

言中枢，负责发音系统以语音形式表达思维信息进行语言行为。语言行为时布洛卡区对思维信息语言化处理后，语言中枢控制指挥发音系统以语音形式进行表达思维信息的语言行为。这就是以大脑思维活动为基础产生语言，布洛卡区活动使思维信息语言化，语言中枢控制指挥发音系统，以语音形式表达思维信息进行语言行为的内在联系。

大脑思维活动不但决定了语言的产生，大脑语言功能使思维信息语言化处理后，还控制指挥着发音系统执行语言行为。芬兰学者用脑磁图观察口吃者语言行为时大脑语言功能活动的状况发现：口吃者语言行为时这两个脑区语言功能激活顺序，恰好与无口吃者语言行为时的自然活动状况相反。即布洛卡区负责思维信息的语言化处理还未完成，而语言中枢控制指挥发音系统已经开始执行语言行为。脑磁图观察发现的这一现象表明：①口吃者语言行为时，布洛卡区语言功能活动并没有完成或全部完成思维信息的语言化处理，语言运动区通过语言中枢控制指挥发音系统已开始了执行语言行为。②语言行为时，大脑组织内语言功能活动在语言产生过程中的行为方式是有内在规律的。布洛卡区还未使思维信息语言化处理，发音系统是无法进行表达思维信息语言行为的。③发音系统语言行为中发生口吃，不但与大脑语言功能活动有关，关键是与大脑语言功能活动的行为方式有关。脑科学口吃研究的这一发现，虽然没有向我们直接揭示造成这一现象的原因，但为我们从深层次认识大脑语言功能活动的内在规律与发音系统语言行为中口吃表现的内在联系打开了窗口。这也是脑科学口吃研究发现口吃原因的理论依据之一。

语言行为是思维活动引导语言意识使大脑语言功能活动产生语言，语言中枢控制指挥发音系统表达思维信息的行为表现。语言行为离不开发音系统语言功能的发挥，而语言行为时大脑语言功能按内在规律进行活动，是发音系统发挥语言功能，自然地进行语言行为的基础。口吃发生在发音系统表达思维信息的语言行为过程中，我们认识口吃就离不开对脑科学的了解，更离不开对大脑语言功能活动内在规律的认识。我们通过先进的仪器设备可以发现，口吃者与无口吃者语言行为时大脑语言功能活动的差异状况，而仪器设备却不会告诉我们造成这些差异状况的原因。尽管脑科学认识口吃有其局限性，但脑科学口吃研究为我们从深层次认识和了解口吃原因奠定了基础。

越来越多的脑科学研究表明，语言产生和语言行为形成都是由大脑组织内语言活动决定的。大脑组织内语言活动是整个语言系统内语言行为的核心，认识和了解生命科学的脑科学，是我们认识和了解语言天赋的基础。也是我们认识大脑思维活动产生语言和大脑语言功能活动内在规律的理论依据。这也是我们从深层次认识口吃的起因、口吃语言行为方式、口吃语言行为方式发展形成口吃语言习惯的理论依据。

6. 大脑和思维

人类大脑组织的结构是人类特有的，大脑思维和思维活动方式是由大脑组织生理结构和特性决定的。根据 1981 年诺贝尔生理学或医学奖获得者，美国斯佩里教授“左右脑分工理论”的论述。大脑组织由纵裂分成左右两个大脑半球，两脑半球经胼胝体横向神经纤维相连。大脑组织是思维活动的器官，两脑半球分工不同，侧重于各自的功能，在大脑思维活动过程中又是相互作用、相互促进、相互转化和共同发展的（见图 1）。

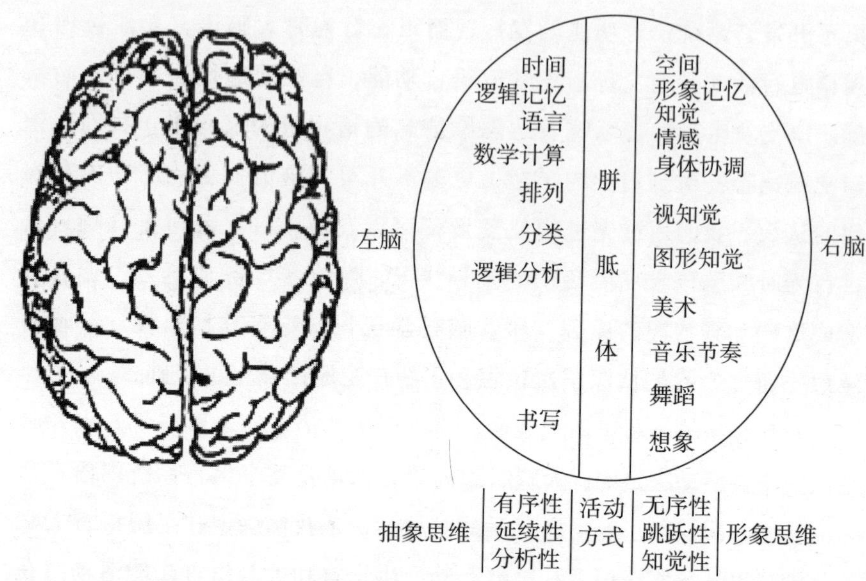

图1　左右脑分工理论

人类在进化过程中各种行为功能在大脑组织内，都有相对应组织承继的各种功能遗传密码。从进化论的进化过程分析，低级动物只有右脑而没有左脑，高级动物才进化出了左右两个半脑。人类是高级动物，在进化过程中形成了左右两个大脑半球。左脑是“本生脑”，记载着出生以来所获得的知识，右脑则是“祖先脑”，储存着从古至今在进化过程中遗传因子的全部信息。大脑活动是生命运动的象征，在生命运动过程中大脑组织始终处于活动状态。大脑思维是大脑组织内部的活动，思维活动方式是由大脑组织生理结构和特性决定的。右脑形象思维和观察能力较强，擅长于处理空间概念和创造性思维活动（即想象思维）。大脑组织内记忆储存的信息绝大部分在右脑中，信息储存以印象和概念的形式记忆在右脑组织中留下痕迹。左脑逻辑思维（即理解思维）分析能力较强，擅长于在印象和概念基础上按逻辑思维活动方式进行条理化信息处理。大脑组织的分工使左脑逻辑思维（即理解思维）功能较为发达，而右脑形象思维（即想象思维）功能较为发达，在思维活动过程中左右脑各自又起着独特的作用。想象思维和逻辑思维是大脑组织两种不同的思维活动方式，在思维活动过程中这两种思维活动方式既相对独立，又相互作用、相互配合、相互转化和共同发展。想象思维是可转化形成逻辑思维，逻辑思维又能促进想象思维活动的发展。大脑思维对未知的感悟和认识形成印象和概念的过程，是右脑的想象思维活动，也是想象思维活动方式逐渐转化形成逻辑思维活动方式的过程。

自我意识是思维活动的本质，思维活动感悟和认识形成自我意识的思维活动方式。人类在进化过程中大脑组织的认知系统，逐步提高了分析处理感知信息的认识能力，形成了特有的思维活动方式。思维活动自我意识对感知信息分析处理的认知行为，是认识意识在本能基础上逐渐形成思维活动方式的过程。思维活动自我意识对感知的认知过程，是大脑组织内产生和形成印象和概念的过程，也是思维活动逐渐形成逻辑思维活动方式的过程。思维活动自我意识的认知形成了印象和概念，再在认知基础上进行分析、判断、推测的再认识是想象思维活动（也称为创始思维）。想象思维的认知在大脑组织内形成了印象和概念，同时想象思维也转化成了逻辑思维。从此当大脑组织感知系统感受到相同感知时，就可以在逻辑思维基础上认识和理解感知的信息。想象思维转化成了逻辑思维，逻辑思维又能促进想象思维的再认识活动。如我们认识了钢笔、圆珠笔是写字的笔，我们看到一支画眉毛的笔，思维活动逻辑思维会立刻理解它是一支笔，但它不是钢笔和圆珠笔。当我们知道它是用来画眉毛的笔，想象思维在逻辑思维基础上就会想象推测它应该叫眉笔。当我们认识了眉笔以后再看到眉笔时，逻辑思维就可以在印象和概念基础上直接认识眉笔了。想象思维是大脑思维认识事物本质的思维活动，也是形成逻辑思维的基础。想象思维认识的积累在大脑组织内形成了逻辑思维，逻辑思维又能促进和开拓想象思维活动的发展。这就是大脑思维两种不同思维活动方式在思维活动过程中，相互促进、相互作用、相互转化和共同发展的过程。想象思维和逻辑思维是大脑思维两种不同的思维活动方式，但都属大脑思维活动的范畴。

大脑思维活动是一种持续性的过程，思维活动认知过程也是一个信息积累的过程。过去思维活动认识产生的结果，会对现在和将来思维活动方式产生影响。思维活动对感知的认知形成了认识意识，认识意识形成的思维活动方式在实践中逐渐地强化，就会形成自我意识的思维习惯。大脑组织是思维活动的器官，思维是语言的基础，认识大脑和思维是认识语言行为与口吃内在联系的基础。

7. 大脑和意识

世界万物的运动和变化是生存意识的表现形式，意识是运动、变化、行为的本质和指挥者。生命意识是生物内在规定规律的隐秘部分，万物有了生命意识的生命运动，世界就有了生机和活力。生命运动是生物日常的具体行为，也是生命意识作用相关功能按内在规定规律自然发生和进行的活动和行为。如人的心跳、血液循环、呼吸等，都是在生命意识潜意识作用下，相关功能按内在规定规律自然发生和进行的生命运动。大脑组织是思维活动和产生意识的器官，人类是高级动物，思维活动拥有自我意识的本质。思维活动通过感知和认知形成了印象和概念，并在实践中由知、情、意逐渐形成了融合，就能形成自我意识的行为意识。大脑组织内的丘脑，是产生意识的核心器官。丘脑中先天遗传有一种十分特殊的结构——丘觉。丘脑功能是合成发放丘觉产生意识。丘脑发放丘觉不是随意的，必须具备丘觉、样本、路径连接等三个条件。样本是思维活动自我意识对感知和认知形成的形象符号（即认识意识形成的印象和概念），是在后天学习过程中逐渐形成的。思维活动自我意识感知和认知与样本形成的内在联系，是大脑组织内样本连接丘觉的路径。大脑组织内样本的记忆和积累，广泛分布在下丘脑、纹状体、小脑及其他神经结构中。丘觉是意识的内核，样本是意识的外壳，连接是丘觉点亮样本的路径。丘觉能够发放的意思无限之广泛，大脑组织内样本储存的数量也非常之庞大。丘觉自由发放经大脑组织内神经纤维路径连接样本，样本被丘觉点亮就产生了意识。生物的运动和行为是意识的表现形式，思维活动对语言感知和认知形成的印象和概念，是记忆储存在大脑组织内的语言样本。丘觉经大脑组织内神经纤维路径点亮语言样本发放意识产生的活动，是思维活动引导语言意识使语言功能活动的行为表现。思维活动在实践中逐渐形成了语言意识，语言行为时思维活动引导语言意识使大脑组织内语言功能区活动，就能控制指挥发音系统进行语言行为。语言行为属行为的范畴，语言意识是作用语言功能活动和行为的本质。我们把自我意识感悟和认识语言形成理性认识的实践意识，并在语言行为实践过程中与感性认识相融合逐渐形成的行为意识，称为语言意识。大脑组织感悟和认识语言是形成理性认识实践意识的基础，在语言行为实践中感性认识与理性认识不断融合，是自我意识逐渐形成语言意识的过程。我们大脑组织拥有思维活动自我意识的本能，通过后天学习自我意识就能自然地形成语言意识。

人是万物之灵，相同的感悟不可能产生相同的认识，不同的感悟必然形成不同的认识，不同的感觉和体会必然形成不同的行为意识。我们在学习语言过程中思维活动自我意识自然地感悟和认识语言，与感觉和体会形成了自然的语言意识。语言行为时思维活动引导语言意识，语言功能就能按原本自然的语言行为方式进行语言行为。反之，如果我们在学习语言过程中由于各种内外因素，使思维活动自我意识形成了偏差的语言意识，就会改变语言功能自然进行语言行为的方式。认识思维活动感悟和认识语言形成实践意识，实践意识是作用语言功能形成行为方式的指挥者。只有认识实践意识发展形成语言意识的过程和规律，我们才能从更深层面认识和了解口吃语言行为方式的起因和原因。我们从人类本能和特性出发，认识了思维活动自我意识形成行为意识的条件和过程，了解了生命意识与行为意识的内在联系和区别，才能从更深层面认识大脑和意识的内在联系。

口吃表现在发音系统的语言行为过程中，也是语言意识作用大脑语言功能不按内在规律进行活动，使发音系统形成口吃语言行为方式的表现。大脑组织是思维活动和产生意识的器官，语言意识是作用语言功能活动和行为的本质。我们认识了大脑和意识的内在联系，才能进一步探索发现发音系统语言行为中发生口吃的起因和原因。

8. 意识与行为

大脑组织是思维活动和产生意识的器官，也是指挥行为功能活动和行为的控制中枢。思维活动对感悟的认识形成了印象和概念，同时自我意识也形成了行为意识，在思维活动引导下行为意识就会对行为功能的行为产生作用。如我们的手被一样东西烫了一下会立刻避让，这就是自我保护意识作用相关功能的行为表现。手被烫了一下思维活动认识了行为的危害性，大脑组织内产生了印象和记忆，思维活动引导行为意识就会对行为方式产生作用。以后我们再遇到相同情况时，行为方式就会在行为意识作用下发生变化。如果我们经常接触烫的东西，行为方式就会在行为意识作用下逐渐形成行为习惯。尽管行为意识是行为功能活动和行为的本质，而行为方式也受到本能和特性的局限。如，鸟在进化过程中形成了飞翔的本能和特性，思维活动引导行为意识就能发挥飞翔本能实现飞翔的活动。人类没有鸟飞翔本能的特性，思维活动引导行为意识也不可能像鸟那样在天空进行飞翔。行为是意识的表现形式，行为意识是在发生行为前由思维活动自我意识引导的。我们在行为前思维活动对行为方式感觉有不妥，行为意识就会在本能基础上作用行为方式发生变化。如，我们有了安全意识，就不会冒生命危险做出乱穿马路的行为。行为功能在行为意识作用下，就会选择安全的行为方式取代不安全的行为方式。而这些行为方式的改变都是在行为意识作用行为功能过程中完成的，也是思维活动引导行为意识作用行为功能形成行为方式的过程。思维活动引导行为意识是行为功能形成行为方式的本质，行为和行为方式是行为意识作用行为功能的表现形式。这就是意识与行为、行为意识与行为功能、行为方式与本能和特性的内在联系。

语言学习是思维活动对语言感知和认知的过程，也是在实践中由感觉和体会逐渐形成语言意识的过程。自我意识是认识事物的主观意识，如果我们在学习语言过程中对语言的认识出现了偏差，在实践中对语言行为的感觉和体会也会出现偏差，自我意识就有可能形成偏差的语言意识。如果偏差的语言意识在实践中逐渐地强化，语言行为时思维活动引导语言意识就会作用语言行为方式发生变化。行为意识是作用行为功能活动和行为的本质，语言意识作用语言行为形成了不按自然规律进行语言行为的方式，我们适用语言天赋的本能就不能自然地发挥和发展，就有可能在语言意识作用下形成口吃的语言行为方式。

认识和理解意识与行为、行为意识与行为功能、行为功能与行为方式的内在联系，我们才能从根本上认识和理解语言行为时形成口吃语言行为方式的起因。否则我们对语言行为与口吃的认识是肤浅的。口吃者只有认识和理解了意识与行为的内在联系，才能从口吃表现的现象中探索发现造成口吃的原因，以及口吃语言行为方式和发展形成口吃语言习惯的过程和规律。

第二章 语言

语言是人类特有的，语言产生是由交流思维信息的需要发展形成的。人类在漫长进化和语言发展过程中形成了语言天赋，而语言天赋的发挥是必须通过后天学习在实践过程中逐步发展的。语言学习从婴儿开始一直要延续到儿童时期，也是同生理发育相互作用、相互促进循序渐进的。婴儿到儿童是生理发育的快速时期，也是一生中学习语言掌握运用语言行为的关键阶段。我们研究和探索语言行为与口吃，不但要了解语言产生和形成的条件和过程，还要认识语言产生和形成过程中的规律。自然是有规律的，规律是可以认识和发现的。认识语言就要认识语言的本质，认识语言产生和形成的自然规律。只有认识了语言产生和形成的规律，才能理解引发口吃的原因。

1. 语言和语言行为

口吃是指语言发音系统语言行为时的表现，本文中所指的语言是指由语音组成的语言。语言发展是大脑智慧发展的结晶，人类语言发展为人类文明发展进入社会发展起到了不可估量的作用。

人类为了方便快捷地交流思维信息，在发音系统可发音基础上形成了人类特有的语言。语言交流是双向的交流，在语言范畴内有听语言和用语言表达思维信息的两种表现形式。听语言是大脑思维从语言中认识和理解语言的信息，另一种是发音系统以语音形式用语言表达思维活动的信息。口吃发生在发音系统表达思维信息进行语言行为的过程中，我们认识口吃必须区分语言两种不同的表现形式。我们把表达思维信息的话称为语言。我们把发音系统以语音形式表达思维信息的行为表现称为语言行为。（语言行为也称为言语。）

语言学习总是从听语言到听懂语言开始的，听语言是大脑组织对语言感悟的过程，听懂语言是在感悟基础上，思维活动自我意识认识语言内涵的过程。听懂语言是思维活动自我意识从语音中认识和理解语言信息的过程，也是大脑组织内形成语言样本印象和概念的过程。大脑组织内形成了语言样本的印象和概念，思维活动与语言就形成了内在联系，为发音系统以语音形式表达思维信息进行语言行为奠定了基础。在学习语言过程中有掌握语言和运用语言行为的区别，听懂语言和掌握运用语言行为是语言学习的整体。语言和语言行为是交流思维信息两种不同的形式，而在语言学习过程中这两种不同形式，又是相互作用、相互促进、相互转化和共同发展的。大脑组织内形成了语言样本的印象和概念，语言行为时大脑语言功能才能使思维信息语音符号化形成语言。语言是大脑思维通过语言功能认识理解别人思维信息的载体，语言行为是大脑思维通过语言功能表达思维信息的行为表现。我们认识和分清了语言与语言行为时，大脑组织内语言活动不同行为方式的根本区别，才能对发音系统语言行为中的口吃表现开展探索和研究。

2. 语言天赋和语言性质

人类在进化过程中大脑组织的认知系统，逐步提高了分析处理感知信息的认识能力，形成了独特的思维活动方式。大脑思维对语言形成了理性认识的思维活动方式，在本能和特性基础上自我意识就能形成感性认识的实践意识。我们在语言行为实践中使感性认识与理性认识逐渐形成了知、情、意的融合，思维活动自我意识就形成了语言意识。语言行为时思维活动引导语言意识，大脑语言功能参照语言样本使思维信息语言化，发音系统就能参照感性认识形成的语言样本进行语言行为了。语言产生是大脑思维活动方式决定的，语言功能掌握运用语言和语言行为的本能，是人类在进化和语言发展过程中形成的。我们把以人类特性为基础，通过后天学习在实践中掌握运用语言和语言行为的本能，称为人类的语言天赋，简称为语言天赋。

婴儿出生哇哇落地发出的啼哭声，虽不能说是真正意义上的语言行为，确是婴儿语言天赋对环境的本能反应。婴儿虽然还不能发挥语言天赋进行思维表达，但已具备了掌握运用语言和语言行为所必需的所有内在条件。婴儿这种运用语言的天性不仅是遗传，也是人类在漫长进化和语言发展过程中形成的，这就是语言天赋的本能。我们在学习语言过程中掌握运用语言和语言行为，就是在语言天赋基础上发挥和发展了语言天赋的本能。语言天赋是学习语言掌握运用语言行为决定性的内在因素，语言功能按内在规律进行活动和行为是发挥和发展语言天赋的基础。我们在学习语言掌握运用语言行为过程中，大脑语言功能违背或不按内在规律进行活动，发音系统语言功能不能发挥还会受到遏制。这也是口吃者语言天赋的本能没有缺陷，而不能发挥语言天赋自然进行语言行为的原因。

语言行为是语言功能表达思维信息的技能性行为，语言天赋只有在实践过程中才能逐渐地发挥和发展。语言环境是发挥和发展语言天赋必不可少的外部条件。我们在学习语言过程中自然地发挥和发展了语言天赋，语言功能才能按语言规律自然地进行语言行为（见图 2）。

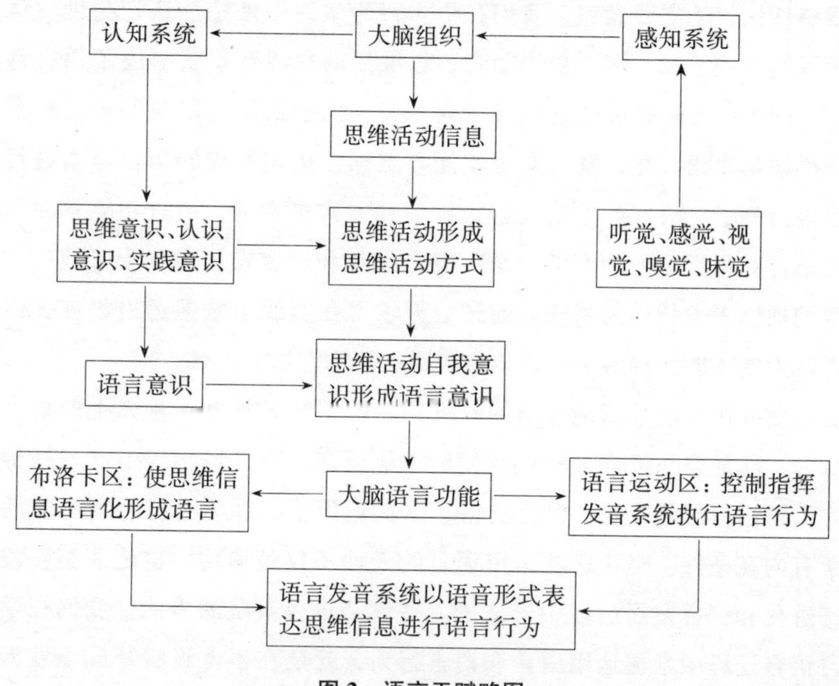

图 2　语言天赋略图

自然界动物在遇到危险与危险解除时，发音系统发出的声音是完全不同的。这就是动物大脑思维根据不同情况由大脑语言功能产生语言，发音系统向同类表达不同思维信息的行为表现。语言产生和形成都是由交流思维信息的需求发展而来的，思维是语言的基础，这就是语言和语言行为的最基本的性质。我们把语言和语言行为的性质简称为语言性质。

动物都有自己的语言，鸟的鸣叫是鸟语，狼的嚎叫是狼的语言。动物以发音系统可发声音为基础形成了自己的语言，运用语言与同类交流着思维活动信息。人类听不懂它们的语言，是大脑思维活动方式和语言天赋的本能与它们有本质区别。人类无法用人类思维活动方式和语言天赋认识它们的语言，就无法理解它们语言所包含的信息。“鹦鹉学舌”是指鹦鹉能把人类某些语言说得很好，很标准，如“你好”、“再见”、“恭喜发财”等。鹦鹉能模仿人类的语言，但鹦鹉没有认识人类语言的思维活动方式，就不可能认识和理解人类语言的内涵。鹦鹉见了主人会说“你好”、“再见”、“恭喜发财”，可能小偷来了也会发出同样的声音，这就是鹦鹉对人类语言内涵不理解的表现。狼孩从小与狼生活在一起，十几岁回归人类生活的语言环境。狼孩不能再以人类思维活动方式认识和理解人类的语言，狼孩听人类语言就像人类听狼的嚎叫一样。语言性质决定了语言行为时思维活动方式，思维活动方式引导语言意识决定了大脑语言功能活动和发音系统语言行为的方式。语言行为时大脑思维活动方式脱离了语言性质，大脑语言功能使思维信息语言化就会产生障碍，发音系统语言行为与思维信息就产生了脱节，语言行为中必然会发生口吃表现。

认识语言天赋是我们认识语言产生和语言行为形成的基础，认识语言性质是认识语言和语言行为的本质。认识语言性质思维活动方式，是我们对语言行为时自然思维活动方式的认识。口吃者只有从大脑组织内语言活动产生语言的源头，认识语言行为时思维活动方式与语言功能活动方式的内在联系，才能从更深层面认识发音系统语言行为中发生口吃的原因。

3. 语言的产生和形成

语言的产生和形成是指在语言天赋基础上，通过后天学习在实践中掌握运用语言和语言行为的过程。人类在漫长进化和语言发展过程中形成了语言的本能，而语言产生和形成是随着生理发育与语言环境，在后天学习过程中相互促进、相互作用循序渐进地共同发展的。

(1) 语言产生和形成的条件

华盛顿大学帕特利夏博士在他的一份报告中称：新生婴儿能辨别所有语言中语音的细微差别，为他们学习所听到的任何语言做好了准备。婴儿出生来到这陌生的世界，从小生活在语言环境中，大脑组织通过感知和认知感受着语言的存在，语言环境也激发着语言天赋的发挥和发展。婴儿大脑是一个非常动态正在发育的组织，大脑组织内神经元突触的成长正处在旺盛时期，这也是他们学习语言特有的强大的内在因素。随着婴儿大脑组织发育成长逐渐提升了认识能力，就会本能地关注语言环境中的语言。幼儿“牙牙学语”是思维活动对语言认识的反应，也是自我意识形成实践意识跃跃欲试进行语言行为的开始。语言环境是自我意识感知和认知形成语言意识的外部条件，语言意识更是协调大脑语言功能活动的内在因素。语言学习对每一个儿童来说都是史无前例的全新科目，儿童在初学语言时只能根据自身内在因素感悟和认识语言，语言环境外部条件会对语言天赋内在因素变化起着间接和直接的影响。

儿童在学习语言和掌握运用语言行为过程中，有专门用来学习母语的阶段。这个阶段过后大脑组织发育渐渐成熟，大脑组织内神经元突触可塑性降低，语言认知系统包括语言功能的发展，将不再像以前那样富有活力。儿童在学习语言初期，语言天赋按语言规律自然地进行语言行为还受到本能的局限。为儿童创造良好的生活环境和语言环境，有利于儿童发挥语言天赋自然地进行语言行为。儿童在语言行为实践过程中大脑组织加深积累自然进行语言行为的感觉和体会，是思维活动自我意识形成自然语言意识的决定性因素。也是防止儿童形成口吃语言意识，避免语言行为形成口吃的根本。

(2) 语言产生和形成的过程

语言学习总是从听语言开始的，婴儿大脑组织对语言的语音产生了反应，就开始了人生语言学习的历程。1～2 个月的婴儿，自我意识开始对语言的语音产生了反应。随着思维活动对语言认识不断地加深，会引发自我意识对语言产生兴趣和关注。3～4 个月的婴儿会关注语言的语音朝说话者方向看，会初略地分析语音信息并做出相对应的表情反应。随着婴儿在父母和成人反复的指引下，加上一些形象比喻帮助婴儿理解语音的内涵。婴儿大脑组织内就初步形成了语音与内涵信息的联系，逐渐提高了对语音的认识和理解能力。5～6 个月的婴儿，能对自己姓名的语音做出反应，并能初步理解“妈妈”、“再见”等简单语言所包含的信息。随着婴儿大脑组织发育日趋成熟，思维活动对语言信息的认识和理解能力也会逐步地提高。7～8 个月的婴儿，可以理解简单的语言，对语言做出相应的反应。如听到“不”时停止活动，或用动作和表情来配合对语言理解的反应。这时婴儿在成人引导下，发音系统还能进行模仿简单的语言行为。婴儿对语言产生反应是思维活动关注和理解语言信息的表现，也是自我意识逐渐形成语言意识的开始。婴儿发音系统模仿语言行为是自我意识形成理性认识的实践意识，由实践意识作用语言功能反应思维活动的行为表现。这时婴儿大脑组织进入了产生语言和形成语言意识的初级阶段，这也是婴儿大脑组织内语言活动由学习语言向掌握运用语言行为转化过程的开始。

4～5 岁的儿童学习语言能力非常之强，过了这段时期大脑组织内神经元突触成长趋缓，对学习语言的自我调节能力就会逐步地减弱。语言学习是从思维活动自我意识对语言的感悟和认识开始的，而掌握运用语言行为和形成语言习惯一般在 2～7 岁。儿童 4～5 岁处在学习语言和掌握运用语言行为的黄金时期，也是语言行为发展形成语言习惯的重要阶段。由于儿童成长发育存在生理和语言环境上的差异，都会间接或直接地影响大脑组织对语言的感知和认知。儿童思维活动自我意识对语言认识形成的实践意识，决定着语言行为形成语言行为方式的发展轨迹和方向。儿童在学习语言和掌握运用语言行为过程中，只要自我意识不形成改变自然进行语言行为的语言意识。随着思维活动方式自我意识的逐渐增强，语言行为能力在实践中得到了发挥和发展，就能按原本自然的语言行为方式进行语言行为，并逐渐发展形成自然的语言习惯。

引发儿童形成口吃语言行为方式的起点，是从儿童改变原本自然语言行为方式进行语言行为开始的。而造成儿童这一转折起点的内在因素，是语言行为时形成非语言性质思维活动方式，引导自我意识形成口吃语言意识引发的。儿童在学习语言掌握运用语言行为过程中，只要思维活动方式不引导自我意识形成口吃语言意识，语言行为原本自然的语言行为方式就不会发生变化。这就是绝大多数儿童在学习语言掌握运用语言行为过程中，没有因各种内在和外部因素使自我意识形成口吃语言意识，而语言行为与口吃语言习惯无缘的根本原因。

(3) 语言产生和形成的规律

大脑组织内记忆储存了印象和概念的语言样本，思维与语言就形成了内在联系，大脑思维也由想象思维形成了逻辑思维活动方式。同时自我意识也形成了理性认识的实践意识，为语言行为时大脑组织内语言活动产生和形成语言奠定了基础。感悟和认识形成思维活动，思维活动引导行为意识对行为功能产生作用，是人类本能和特性决定的。我们在语言行为实践中加深积累了感性认识的感觉和体会，使理性认识与感性认识在实践中不断融合，思维活动自我意识就能发展形成自然的语言意识。绝大多数儿童在学习语言掌握运用语言行为过程中，没有因各种内在和外部因素改变自然的语言意识，从而就没有改变语言产生和形成的自然发展过程。随着思维活动自我意识不断增强，由语言功能形成的自然语言行为方式，就会在语言意识作用下逐渐发展形成自然的语言习惯。这就是我们在语言天赋和语言环境基础上，通过后天学习在实践过程中语言产生和形成的自然过程。

语言产生和形成是一个极其复杂而又微妙的过程，有很多奥秘有待于我们进一步探索和发现。目前人类对自己语言产生和形成的了解只是冰山一角，但我们可以从语言产生和形成的自然过程中，发现语言产生和形成的自然规律（见图3）。

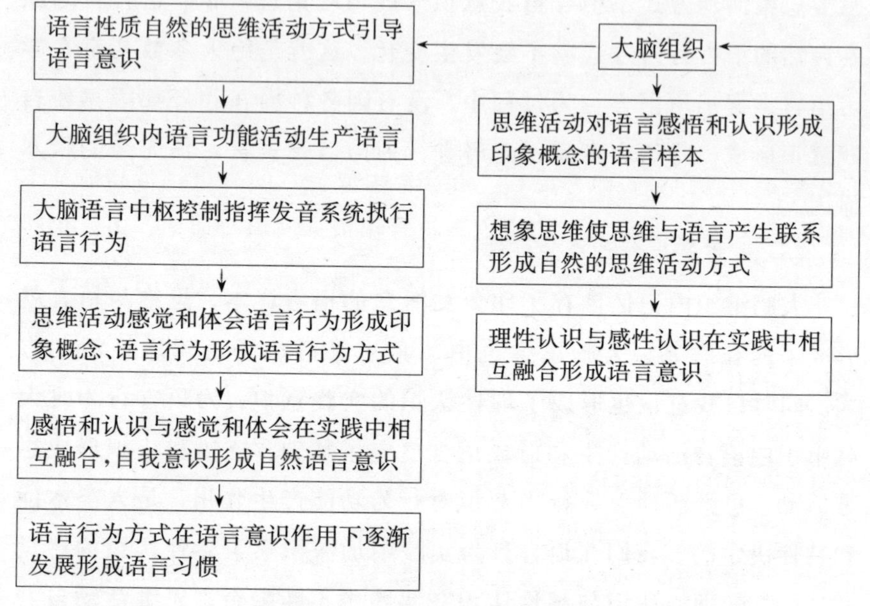

图3　语言产生和形成的规律

值得强调的是：在语言形成的规律中，思维活动感悟和认识语言形成印象和概念的样本，是大脑组织内语言功能活动产生语言的基础。在语言行为实践中使感悟和认识与感觉和体会相互融合，是自我意识形成语言意识作用语言功能形成语言行为方式的关键。口吃者认识和抓住了语言形成规律中的基础和关键，就能在本能基础上用科学方法按语言形成的规律，通过语言练习形成自然进行语言行为的方式。这就是我们认识语言形成的规律，并在实践中运用语言形成的规律，理解用科学方法改变口吃语言行为方式的基本认识。

4. 语音

人类的语言是丰富多彩的，不同国家、不同民族、不同地域、不同人群都有各自不同的语言。语言由语音组成，我们把发音系统可发音组成语言的声音，称为语音。语音是组成语言的有声符号和最基本要素，不同语言由各自不同的语音符号组成。汉语普通话，由汉语拼音为基础的语音符号组成。英语，由英语国际音标的语音符号组成。日语，由日语五十音图的语音符号组成。语音作为一种声音，只是内涵信息的有声符号。思维是语言的基础，听语言是大脑思维活动通过语言功能，从组成语言的语音中认识和理解信息。语言行为是大脑语言功能使思维信息由语音和语音单位组成语言，发音系统以语音形式表达思维信息的行为表现。不同语言的语音，都有各自不同语音符号的标准、规律和特点。语音符号只有按标准、规律和特点组成内涵信息的语言，才能成为交流思维信息的载体和工具。语言行为时发音系统的发音行为，必须按语音符号的标准、规律和特点进行构音活动。语音是组成语言的有声符号，语音符号的内涵信息是组成语言的最基本要素，这就是我们对语音的基本认识。

5. 语意

思维是语言的基础，语音组成语言是交流思维信息的基本形式。语音是内含信息的有声符号，我们把语音组成的语言，语言所包含的意思，称为语言的意思。语言的意思，简称为语意。语言是交流思维信息的载体和表现形式，语音符号内含的思维信息是语意，语言交流就是语意的交流。语言是有语意的，而不是没有信息的语音符号。我们听语言时是大脑思维和语言功能活动，从语音符号组成的语言中认识和理解语意。语意由内含思维信息的语音符号组成，语言行为就是大脑组织内语言活动使思维信息的语音符号语言化形成语意，发音系统用语意以语音形式进行表达思维信息的行为表现。语言在交流层面上是语音在交流，其实质是语意的交流。语言行为不是发音系统为了进行语音的发音行为，而是用语意以语音形式表达思维信息的行为表现。语言行为时思维活动主导着语言产生，大脑组织内语言功能活动使思维信息语言化形成语意，发音系统才能用语意以语音形式进行表达思维信息的语言行为。语言在交流思维信息过程中语意都起着承前启后的作用，这就是语言和语言行为与语意的内在联系。

我们在听语言时自我意识往往不在意语言的语音，而是思维活动千方百计地在语音中认识和理解语意。口吃者大脑思维和语言功能活动没有缺陷，大脑组织对语音感悟的认识就能理解语意，所以口吃者在听语言上不存在障碍。

语意在语言与语言行为时的不同表现形式，是语言与语言行为时大脑组织内语言活动不同行为方式决定的。语意存在于语言和语言行为中不是一个凭空想象出来的概念，是语言性质和语言交流思维信息的形式决定的。语言是交流思维信息的载体和表现形式，语意在语言与语言行为时不同形式的差异是客观存在的。口吃发生在发音系统语言行为过程中，认识语意在语言与语言行为时不同表现形式的区别。我们才能与口吃朋友一起更好地探讨分析，发音系统语言行为发生口吃表现时，思维活动方式与语言功能行为方式的内在联系。

6. 语音与语意

语音是组成语言的有声符号和最基本要素，语言内含的信息是语音符号组成的语意。不同语言对相同语意用不同语音来表达，相同语言用相同语音来表达相同的语意。当人们对语音与语意的内在联系形成了共识，语言才能成为交流思维信息的载体。不同语言有各自语音与语意内在联系的对应关系，语言表达语意都有各自特有的规律和特点。就是在同一文化背景下由于地域的差异，语音与语意的差别也是天壤之别的。中国北方人初到南方听不懂南方话，这是因为中国北方话与南方话在语音与语意上的差别很大。北方人无法用北方话语意与南方话语音产生联系，就无法从南方话语音中认识和理解南方话的语意。人们要掌握运用任何一种语言，必须先在大脑组织内建立语音与语意的内在联系。语音与语意的内在联系，是语音组成语言的基本形式。认识语音与语意的内在联系，是学习语言掌握运用语言行为的基础。

大脑组织内建立语音与语意的内在联系，是在感悟和认识语言过程中形成的，也是大脑组织内形成语言样本印象和概念的过程。听语言时丘觉通过大脑组织内语音与语意内在联系的路径点亮语言样本，大脑语言功能活动就可以参照语言样本从语言中认识和理解语意。语言行为时思维活动引导语言意识，大脑语言功能参照记忆存储的语言样本就能使思维信息语言化形成语意。听语言时思维活动只会千方百计地从语言中认识和理解语意，而自我意识不会关注和在意语言的语音。只有当思维活动无法从语言中认识和理解语意时，自我意识才会停止在语言的语音上。大脑组织内语音与语意形成了内在联系，思维活动对语言的感悟和认识，已不是单纯的语音符号了，而是含有信息的语意了。人们把语言作为交流思维信息的载体，就是把语言作为内含思维信息的语意来接受。语音符号承载着内含信息的语意，语音组成语言才能成为交流思维信息的载体和工具。不承载语意的语音只是一种声音符号，没有语意的语言是无法进行信息交流的。语言行为时大脑语言功能使思维信息语音符号化，只是为了形成包含思维信息的语意而存在。语音组成语言是由语意决定的，语音组成语言脱离了语意，就意味着与思维信息产生了脱节。语言行为时大脑语言功能活动使思维信息由语音符号组成语言，只是为了形成包含思维信息的语意而存在。思维是语言的基础，语意由包含信息的语音符号形成，这就是语音与语意内在联系形成语言的基本形式。

语言行为时自我意识对语音与语意的感觉往往只是一念之差，用语音还是用语意表达思维信息，是两种思维活动方式引导大脑语言功能活动形成截然不同行为方式的分水岭。无口吃者语言行为时只会关注如何用语意表达思维信息，而不会关注或在意发音系统如何去发音进行语言行为。无口吃者发音系统可以随心所欲、自然顺畅地把思维信息用语言行为表达出来，语言行为时语言化思维活动方式引导语言意识，大脑语言功能活动不断地使思维信息形成语意，发音系统就能以语音形式顺畅持续地进行语言行为。口吃者形成了口吃语言习惯对语言行为产生了恐惧感，语言行为时就往往过于关注或在意发音系统的语言行为，这样就容易使思维活动引导语言意识转移在语言发音上。尽管语言由语音组成，但语音组成语言脱离了语意，发音系统语言行为与思维信息就产生了脱离，语言行为就成了一字半语的语音或出现语言停顿、拉长音、不顺畅等的口吃表现。这就是口吃者语言行为时不同思维活动方式引导语言意识使大脑语言功能形成不同行为方式，发音系统形成口吃语言行为方式发生口吃表现的根本所在。

认识语音与语意内在联系的关系是对语言产生和形成的基本认识，也是对语言与语言行为时思维活动和语言功能不同行为方式的初步认识。语言行为不是发音系统为了发出语音，而是大脑组织内语言活动使语音符号语言化形成包含思维信息的语意，发音系统用语意以语音形式表达思维信息的行为表现。口吃者正确认识语音与语意的内在联系，有利于形成语言行为时语言化思维活动方式，还有利于引导改变自我意识的口吃语言意识。这就是我们认识语音与语意内在联系的关系，对语言行为时思维活动方式与语言功能行为方式内在联系的认识。

7. 语言组成的规律

语音与语意内在联系形成的对应关系，是语音组成语言的基本形式。一句话由名词、动词、形容词等组成。词和词组的组成是有规律的，人们通常称为语法。在汉语中我们称呼陈先生、钱小姐，是把姓放在前面而名放在后面，在英语称呼中却是把名放在前面而姓放在后面。不同的语言，语言组成都有各自的规律和特点。即便是同一个语音用不同语气或语调说出，语言的语意也是截然不同的。这就是人们为了表达不同语意的需要，在相同语音基础上对语气或语调做出的调整。语音形成语意的规律和特点是语言组成的规律。

如我们经常说，你心里怎么想就怎么说，或你把心里想的都说出来。其实语言产生和形成都是大脑组织内语言活动的结果，与心脏活动没有直接的关系。只是大家认同了这种说法，也能理解了这种说法的语意，所以不会去在意这种说法的正确性。大家习惯了这种表达方式，对这种表达方式形成了共识，就逐渐形成了语言组成的规则。语言组成的规律是根据规则和习惯，在共识基础上人为发展形成的。这也是人们为了语言发音系统有限的可发音，能更好便捷地表达思维信息的需要。这就是语言组成的基本形式和规则，在语言发展过程中形成的语言组成的规律。

8. 语言与思维

大脑组织内语言与思维形成联系的过程，是内在因素与外部条件在实践中相互作用、相互促进逐渐发展形成的。大脑组织内语音与语意没有形成内在联系的对应关系，语言与思维的内在联系就无法形成。耳聋者有正常大脑思维和完好的语言发音系统，由于耳聋者听不到语音，思维活动对语言不能产生认识就无法使语言与思维形成联系。耳聋者大脑组织内语言与思维无法形成内在联系，自我意识也就无法形成作用语言行为的语言意识。聋哑者无法用完好的发音系统进行表达思维信息的语言行为，是耳聋阻断了大脑组织内语言与思维的内在联系。感悟是认识的基础，认识源于感悟。感悟和认识形成思维活动方式，思维活动引导行为意识是作用行为功能进行活动和行为的本质。思维是语言的基础，大脑组织内语言与思维形成内在联系，是思维活动和语言功能产生和形成语言的根本。

我们听语言时思维活动从语言中理解语意，巩固和提高了逻辑思维对语言的认识能力，同时也在不断加深积累大脑组织内语言与思维内在联系形成的印象和概念。大脑组织内语言与思维形成联系使认识意识形成理性认识的实践意识，是作用语言功能进行语言行为实践的本能。语言行为要随心所欲地表达思维信息，就要加深积累大脑组织内语言与思维形成联系的感悟和认识。我们在语言行为实践中使感悟和认识与感觉和体会逐渐形成融合，大脑思维活动方式就能实现由语言向语言行为的自然转化。

口吃者大脑思维和语言功能没有缺陷，我们在日常生活中经常用心地感悟语言与思维形成内在联系的感觉和体会，就能培养语言行为时语言与思维形成联系的语言化思维活动方式。有助于语言行为时思维活动方式引导语言意识，使大脑语言功能活动使思维信息形成语意。口吃者大脑组织内加深积累语言与思维形成内在联系的感觉和体会，是语言行为时形成语言化思维活动方式的基础，也是引导语言意识使大脑语言功能按内在规律进行活动的基础。

9. 语言思维

我们把听语言时思维活动引导语言意识，大脑语言功能使语言样本与语音信息形成联系，从语言中认识和理解语意的思维活动，称为语言思维。语言思维是听语言时，大脑思维从语音信息中认识和理解语意的思维活动。大脑组织内形成了语言样本的印象和概念，就形成了语言思维的逻辑思维活动。听语言时大脑思维活动运用语言思维，就能从语音信息中认识和理解语意。我们通过学习在大脑组织内建立了语言思维，听语言时大脑语言功能就能对语音产生反应，语言思维就能从语言中认识和理解语意。语言思维是想象思维对语言感悟和认识形成的逻辑思维，也是听语言时思维活动用印象和概念认识和理解语意的过程。大脑组织内形成了语言样本的印象和概念，大脑思维就形成了逻辑思维的语言思维活动方式。

我们听别人语言时，大脑思维千方百计地在别人语言中领悟语意，就是运用语言思维从语言中理解语意。只有当自我意识在感悟不了语意时，思维活动才会停滞在语言的语音上。思维活动停滞在语言语音上并不是大脑思维停止了活动，而是大脑组织内没有语言思维形成的语言样本，使思维活动无法从语言中认识和理解语意。大脑组织内语言思维形成的印象和概念是在后天学习语言过程中，广泛分布积累在下丘脑、纹状体、小脑及其他神经结构中的语言样本。我们通过学习在大脑组织内形成和建立了语言思维，听语言时思维活动通过语言功能就能对语言的语音产生反应。思维活动对语言反应的作用是自我意识的语言意识，反应外在条件是语言的语音，反应内在因素是语言思维和语言功能的活动，反应结果是思维活动对语意的认识和理解。

语言思维是听语言时大脑思维对语言的思维活动，思维活动理解的语意是语言的内涵信息。听语言时语言思维只需从语音信息中认识和理解语意，因此语言思维是非语言化思维活动方式。现实生活中在非语言行为时的大脑思维，绝大多数都是非语言化思维活动方式。听语言时大脑思维是语言思维的思维活动方式，所以自我意识只会关注语言的语意，而不会留意组成语言的语音。语言思维是大脑思维的非语言化思维活动方式，口吃者大脑思维和语言功能没有缺陷，所以听语言时在认识和理解语意上就没有障碍。大脑组织内形成和建立语言思维，是掌握运用语言行为必须经历的过程。口吃者认识语言思维的思维活动方式，有助于理解语言行为时非语言化思维活动方式，也是认识语言行为时语言化思维活动方式的基础。

大脑组织内建立了语言思维，听语言时大脑思维运用语言思维活动就能理解语意。通俗地说，大脑组织内建立了语言思维就能使我们听懂语言。语言行为是语言化思维活动方式引导语言意识，大脑语言功能使思维信息语言化形成语意，语言中枢控制指挥发音系统用语意表达思维信息的行为表现。大脑组织内建立了语言思维，不但能使我们在听语言时能认识和理解语意，也为语言行为时大脑语言功能使思维信息形成思维语意奠定了基础（思维语意的概念将在下一章详细地论述）。语言思维是思维活动认识和理解语言的基础，也是我们掌握运用语言行为使大脑语言功能按内在规律进行活动的基础。

10. 语言思维的产生和形成

婴儿生长在语言环境中，周围亲人经常呼唤着宝宝，刚开始婴儿只会对语音产生本能的反应。久而久之，婴儿会对呼唤的语音产生兴趣和关注，并做出一些相应的表情反应。同时，婴儿也在观察成人对他表情反应的回应，并通过视觉、感觉来推测表情反应的正确与否。当这个过程反复地经历和重复，婴儿大脑思维就会推测和认识语音的大概意思，并逐步向正确认识靠拢。婴儿思维活动自我意识对语音有了认识就形成了与语意的内在联系，并能逐渐形成语言样本的印象和概念。从此当婴儿听到相同语音时，就会运用大脑组织内的语言样本理解其意。这时婴儿虽然发音系统还不能进行表达思维信息的语言行为，但思维活动已可初步从语音中理解语意。随着婴儿大脑组织发育日趋成熟和语言样本印象和概念的加深，思维活动对语言内涵信息的理解也会不断地娴熟和准确。日长天久、日积月累婴儿大脑思维活动，就逐渐提升了认识和理解语言的思维活动能力。这就是婴儿在学习语言过程中，想象思维认识语言逐渐形成语言思维的初级阶段。

大脑组织内产生和形成语言思维，不仅与大脑思维和语言功能活动有关，而且与大脑组织控制的所有感觉器官是密不可分的。如我们看到了危险的情景，又听到了提示危险的语音，才能认识和理解语言的语意。我们听到香的语音，又嗅到香的气味，并感悟到“香”气味的感觉，才能认识和理解“香”语言的语意。我们感受到烫的感觉，又听到烫的语音，才能理解“烫”语言的语意。人们在听语言时通过听觉器官的感悟，再结合其他感觉器官的配合，想象思维才能逐步认识语言与语意的内在联系。并通过这样反复和重复的过程，大脑组织内才能逐渐地形成和建立语言思维。有人认为语言学习是从发音系统进行语言行为开始的，其实不然，任何一种语言学习，都是从思维活动自我意识对语言的感悟和认识开始的。想象思维对语言感悟、推测、分析产生和形成语言样本的过程，也是大脑组织内语言与思维形成联系的过程。语言思维是由语言天赋内在因素与语言环境外部条件相互作用，在想象思维对感知系统的认知三种因素相结合逐渐形成和建立起来的，这就是大脑组织内语言思维产生和形成的过程。

掌握运用语言行为只是在语言思维基础上模仿语言行为，在感觉和体会语言行为过程中语言功能逐渐形成语言行为方式的过程。语言学习大致可分为两个过程：①大脑组织感悟和认识语言使语音与语意形成内在联系，语言样本的印象和概念使思维活动逐渐产生和形成语言思维。②语言功能在语言思维基础上参照语言样本模仿语言行为，大脑组织感觉和体会语言行为并逐渐形成语言行为样本的印象和概念。大脑组织内产生和形成语言思维，只是完成了思维活动自我意识对语言的感知和认知过程。语言功能要进行模仿语言行为的实践，首先要在大脑组织内产生和形成语言思维。尽管语言与语言行为是思维活动和语言功能不同的行为方式，但它们在学习语言过程中是相互作用、相互促进、相互转化和共同发展的。口吃者在听语言理解语意上没有障碍，就要在语言思维基础上，加深思维与语意形成语言样本的印象和概念，在语言行为实践中加深用语言样本进行语言行为的感觉和体会。这样有助于口吃者改变语言行为时非语言化思维活动方式，逐渐实现思维活动方式由语言向语言行为的自然转化。

第三章　语言行为

语言行为表达思维信息的过程，是大脑组织内语言活动和语言功能活动极其复杂而又微妙的过程。在语言行为过程中语言功能的发挥不可或缺，而语言功能按内在规律进行活动更是至关重要。了解语言系统内各功能在进行语言行为过程中的内在联系，理解语言功能活动和行为的内在自然规律，是对语言功能自然进行语言行为的基本认识。我们在自然进行语言行为过程中认识了语言功能活动和行为的内在规律，才能认识发音系统语言行为中发生口吃的原因。

1. 语言功能与语言行为

想象思维对语言感知和认知形成语言思维的逻辑思维活动方式，大脑思维活动与语言样本的内在联系就形成了印象和概念。大脑组织内储存的信息绝大部分在右脑，右脑思维活动信息是脱离语言的躯壳，而右脑又是没有语言中枢的哑脑。由于左右脑功能差异和思维活动方式的不同，右脑思维信息的印象和概念要以语音形式表达出来，必须通过左脑逻辑思维和语言功能活动进行语言化处理，使其由语音符号形成包含思维信息的语意。语言行为时思维信息由布洛卡区语言功能形成语意并暂存在左脑内，语言中枢控制指挥发音系统才能以语音形式表达思维信息进行语言行为。语言行为时语言化思维活动方式是由语言性质决定的，语言功能的语言行为方式是语言天赋内在规律决定的。语言功能进行语言行为是一个极其复杂而又微妙的过程，虽然目前我们对它的认识和了解只是冰山一角。我们可以从大脑组织生理结构的特性和语言性质，认识语言行为时大脑思维的思维活动方式，从语言行为自然过程中探索发现语言功能按内在规律进行语言行为的方式。口吃者认识了语言行为与语言功能的内在联系，才能理解为什么我们有语言天赋，而不能发挥语言功能自然进行语言行为的原因。

语言性质决定了语言行为时思维活动方式，语言天赋决定了大脑语言功能活动的内在规律。语言由发音系统语言功能的可发声音组成，发音系统语言行为方式又决定了大脑语言功能活动的行为方式。语意是语言交流思维信息的基本形式，大脑语言功能活动使思维信息形成语意，决定了发音系统语言行为的语言行为方式。语言行为时思维活动方式引导着语言意识，语言意识作用着大脑语言功能活动形成行为方式。认识语言行为时大脑组织内语言活动的内在自然规律，认识语言系统内语言功能在语言行为中的内在联系，是我们对语言功能与语言行为的基本认识。

语言行为时思维活动方式出现偏差，语言意识使大脑语言功能活动的行为方式就会发生变化。语言行为时大脑组织内语言功能不按内在规律进行活动，发音系统语言行为就会形成口吃语言行为方式，语言行为出现口吃是必然的表现。口吃者有语言天赋而不能发挥语言功能自然地进行语言行为，就是语言行为时大脑语言功能出现了不按内在规律进行活动的协调性，使发音系统形成发生口吃的语言行为方式造成的。语言行为方式在语言行为过程中是动态的关系，我们只有认识和理解了语言功能与语言行为内在联系的本质，才能认识和理解发挥语言功能自然进行语言行为的语言行为方式。

2. 发音系统语言行为

语言发音系统是语言系统的组成部分，语言行为最终由发音系统的发音行为来完成。语言发音系统是一个极其复杂的生理系统，发音系统语言行为也是一个极其复杂的过程。发音系统能完成如此复杂的语言行为过程，离不开相关器官功能活动的协调配合，而这些活动都是由大脑语言功能控制指挥的。语言行为时没有思维活动语言不会产生，发音系统自身是不可能进行表达思维信息语言行为的。发音系统在语言中枢控制指挥下能如此轻松自如地完成语言行为，不是发音系统发音行为过程的简单，而是人类在漫长进化和语言发展过程中，发音系统语言功能已形成了能自然进行极为复杂语言行为的本能。发音系统语言行为离不开语言意识的作用，还离不开生命意识潜意识活动的协调配合。这就像我们脚在走路时，手和身体在平衡意识作用下会自然协调地摆动。语言行为时大脑语言功能使思维信息语言化形成了语意，发音系统在语言中枢控制指挥下就能自然地进行语言行为。反之，语言行为时自我意识关注或在意发音系统的语言行为，思维活动方式引导语言意识转移在发音系统语言行为的发音上，大脑语言功能使思维信息语言化就产生了障碍。即使我们发音系统语言功能没有缺陷，语言中枢控制指挥发音系统也必然无法自然地进行语言行为。所以语言行为时思维活动引导语言意识转移在发音系统语言行为的发音上，使大脑语言功能思维信息语言化产生了障碍，才是发音系统形成口吃语言行为方式造成语言行为发生口吃的根本原因。

3. 思维语意

为了区分语言与语言行为时大脑组织内语言活动不同行为方式，我们把语言行为时布洛卡区语言功能使思维信息语言化形成的语意，称为思维语意。语意是语言交流思维信息的载体，发音系统用思维语意以语音形式表达思维信息是语言行为的基本形式。

听语言时是语言思维活动方式引导语言意识，布洛卡区对语音进行分析处理，是大脑思维从语言中理解语意的过程。思维语意是语言行为时语言化思维活动方式引导语言意识，布洛卡区语言功能使思维信息语言化形成的语意。语意与思维语意是语言与语言行为时，大脑语言功能活动不同行为方式形成的语意。前者是语言所包含信息的语意，后者是思维信息语言化形成的语意，这就是语意与思维语意的根本区别。认识和分清语意与思维语意的不同概念，是认识语言与语言行为时大脑语言功能活动不同行为方式的区别，也是对发音系统用思维语意表达思维信息进行语言行为基本形式的认识。

左脑布洛卡区有使思维信息形成思维语意的功能，还有记忆储存思维语意的能力。语言行为是语言功能表达思维信息的过程，布洛卡区使思维信息形成思维语意，只是完成了语言中枢控制指挥发音系统执行语言行为的前期准备。语言行为时布洛卡区不断地形成思维语意并暂存在左脑内，语言中枢控制指挥发音系统才能以语音形式持续顺畅地表达思维信息进行语言行为。语言行为时布洛卡区不能使思维信息及时完全地形成思维语意，发音系统语言行为与思维信息就产生了脱节。芬兰学者用脑磁图研究发现：口吃者语言行为时布洛卡区与语言运动区，这两个脑区激活顺序恰好与自然语言行为过程相反，就是反映了口吃者语言行为时大脑语言功能活动的状况。这就是语言中枢控制指挥发音系统执行语言行为已经开始，而布洛卡区语言活动计划并没有完成或全部完成，使发音系统语言行为与思维信息产生脱节的状况。这一现象表明：①语言行为时大脑语言功能使思维信息未形成或完全形成思维语意，语言中枢是无法控制指挥发音系统顺畅进行表达思维信息的。②语言行为时大脑语言功能不按内在规律进行活动，使思维信息形成思维语意就产生障碍，发音系统语言行为方式就发生了改变。这从一方面说明语言行为中发生口吃，是大脑语言功能不按内在规律进行活动，在发音系统语言行为时的表现。同时也从另一方面说明发生口吃不是发音系统语言行为自身的问题，关键是大脑语言功能是否按内在规律进行活动。

4. 思维语意的产生和形成

我们在现实生活中观察婴儿会发现，婴儿在学习语言初期都有自言自语的语言行为现象。我们认为这种现象就是，婴儿在掌握语言行为初级阶段，在大脑组织内进行“内心语言”行为的表现。幼儿由于大脑组织发育先于发音系统的生理发育，还不能以语音形式表达思维信息进行语言行为。而他们已经在语言天赋本能基础上，在大脑组织内语言活动形成思维语意进行“内心语言”行为了。尽管婴儿“内心语言”行为不是真正意义上的语言行为，却是在思维活动主导下大脑语言功能活动产生语言的表现。随着幼儿生理发育逐渐成熟和语言功能在实践过程中不断得到练习，就能渐渐自然地发挥语言天赋，为日后语言系统自然地进行语言行为奠定了基础。

幼儿在学习语言初期，自我意识对语言的感悟和认识还是粗略和朦胧的。幼儿的“内心语言”行为，不是语言功能还不能自然进行语言行为的无奈表现，只是受到语言环境感染激发了语言天赋的本能，使他们跃跃欲试、朦朦胧胧地在“内心”进行语言行为。幼儿生理发育需要成长的过程，语言功能发挥和发展也需要实践的练习过程。幼儿“内心语言”行为激发和发挥了语言天赋的本能，也练习和发展了大脑组织内语言活动形成思维语意的协调性。幼儿语言天赋在“内心语言”行为过程中得到了发挥和发展，为语言系统生理发育成熟后自然地进行语言行为打下了坚实的基础。幼儿“内心语言”行为的练习，使大脑组织内语言活动的发展轨迹，按语言形成的规律朝着向语言系统自然进行语言行为的方向发展。幼儿“内心语言”行为的实践和发展过程，就是大脑语言功能逐渐形成使思维信息形成思维语意活动方式的过程，也是大脑组织内语言活动由学习语言向掌握运用语言行为转化过程的开始。

大家知道，无口吃者语言行为时因一下子不能使思维信息形成思维语意，也会出现语无伦次和哑口无言的口吃现象。这就说明语言行为时布洛卡区语言功能形成思维语意，与语言行为发生口吃有着直接的因果关系。语言行为时思维信息形成思维语意离不开布洛卡区语言功能的发挥，而大脑组织内由语言思维形成的语言样本，是布洛卡区语言功能形成思维语意的基础。大脑组织内没有思维与语意内在联系形成的语言样本，布洛卡区语言功能使思维信息与语意的联系就无法形成。

口吃者语言思维活动没有障碍，语言行为时布洛卡区不能及时持续地形成思维语意。说明口吃者语言行为时思维活动方式不善于或不习惯于引导语言意识使布洛卡区形成思维语意。这就是口吃者与无口吃者语言行为时思维活动方式不同，使语言意识作用大脑语言功能形成不同行为方式的根本所在。这也是口吃者语言行为时思维活动方式引导语言意识转移在语言的发音上，使大脑语言功能形成思维语意产生了障碍，而造成语言行为发生口吃的根本原因。口吃者改变语言行为时非语言化思维活动方式，就要在语言思维基础上加深思维与语意形成联系的认识。只有这样，布洛卡区在语言意识作用下，才能促使思维信息形成思维语意。口吃者语言行为时大脑语言功能活动的协调性有所改善，布洛卡区使思维信息形成思维语意的活动方式就能逐渐地形成。

语言行为时布洛卡区使思维信息形成思维语意，确保了思维活动对语言行为的主导，也贯穿着发音系统进行语言行为的始终。语言行为时大脑组织内语言活动使思维信息形成思维语意，是发音系统以语音形式自然进行语言行为的基础。认识语言行为时思维活动方式、语言意识与语言功能活动的内在联系，认识大脑语言功能使思维信息形成思维语意的过程，是口吃者认识掌握用思维语意进行语言行为方式的开始。

5. 思维语言

我们把语言行为时思维活动引导语言意识，使布洛卡区形成思维语意的语言化思维活动方式，称为思维语言。思维语言是语言行为时大脑思维的语言化思维活动方式，也是引导语言意识使布洛卡区语言功能形成思维语意的根本。思维语言活动方式是大脑组织结构和语言天赋本能决定的，人类有语言天赋就具备了语言行为时思维语言活动方式的内在条件。思维语言是我们对语言行为时大脑思维自然思维活动方式的认识，也是引导语言意识使大脑语言功能按内在规律进行活动的语言化思维活动方式。

大脑思维（包括语言思维）在非语言行为状态时，绝大多数是非语言化思维活动方式。听语言时语言思维凭借语言样本与语意形成联系，是思维活动从语言内涵信息中理解语意的非语言化思维活动方式。思维语言是语言行为时逻辑思维对形象思维信息编码编辑，引导语言意识使布洛卡区语言功能形成思维语意的语言化思维活动方式。语言与语言行为是大脑组织内语言活动不同的行为方式，语言思维与思维语言是语言与语言行为时不同的思维活动方式。发音系统要以语音形式表达思维信息进行语言行为，语言行为时大脑思维就要按思维语言活动方式进行思维活动。大脑左右半脑都有记忆功能，尽管左脑储存的信息容量有限，布洛卡区语言功能使思维信息形成的思维语意还能暂存在左脑内。这就为语言中枢控制指挥发音系统以语音形式，用思维语意顺畅持续地进行语言行为奠定了基础。

思维是语言的基础，思维活动方式引导着语言意识，语言意识是作用语言功能活动形成行为方式的本质。发音系统要以语音形式用思维语意进行语言行为，语言行为时就要按思维语言活动方式进行思维活动。语言行为时大脑语言功能使思维信息形成思维语意要有过程，语言中枢控制指挥发音系统用思维语意进行语言行为也要有过程。语言行为时大脑语言功能形成思维语意的速度，大于发音系统进行语言行为的速度，发音系统用思维语意就能顺畅持续地进行语言行为。语言行为时大脑语言功能形成思维语意的速度，滞后于发音系统进行语言行为的速度，语言行为与思维信息就产生了脱离，语言行为中就必然会出现失语、语阻等口吃表现。无论是口吃者还是无口吃者，语言行为时只要出现了思维信息形成思维语意滞后于发音系统进行语言行为，语言行为中都会出现口吃表现。口吃者语言行为时非语言化思维活动方式，习惯性地引导语言意识转移在语言的发音上，大脑语言功能形成思维语意就习惯性地产生障碍，发音系统语言行为的口吃就会习惯性地表现出来。这就是口吃者与无口吃者语言行为时思维活动方式不同，使大脑语言功能活动形成不同行为方式，造成发音系统语言行为发生口吃，而他们口吃表现根本区别的所在。

思维语言是语言行为时左右脑按各自内在规律协调配合的语言化思维活动方式，是我们对语言行为自然过程中大脑思维自然思维活动方式探索的发现。我们认识了语言行为时思维语言的思维活动方式，是对大脑思维按语言性质和规律语言化思维活动方式的理解。语言思维是语言的基础，语言是语言行为的基础，思维语言是语言行为的基础。

6. 思维语言行为方式

我们把语言行为时思维语言活动方式引导语言意识，布洛卡区使思维信息形成思维语意，语言中枢控制指挥发音系统用思维语意进行语言行为的方式，称为思维语言行为方式。思维语言行为方式不是人为的发明创造，是我们在语言天赋基础上根据语言性质和规律，对自然进行语言行为方式探索的认识。

思维语言是语言行为时语言化思维活动方式，思维语言活动方式贯穿着语言功能按内在规律进行语言行为的始终。思维语言行为方式是语言行为时思维语言活动方式引导语言意识，布洛卡区使思维信息形成思维语意，语言中枢控制指挥发音系统用思维语意表达思维信息的语言行为方式。语言行为时思维语言活动方式引导语言意识，布洛卡区顺畅持续地使思维信息形成思维语意，是发音系统按思维语言行为方式进行语言行为的基础。人们形象地比喻，语言行为是用语音和词语来包装思维。确切地说是语言行为时大脑语言功能使思维信息形成思维语意，发音系统用思维语意表达思维信息进行语言行为的过程。语音内含语意是语言交流思维信息的基本形式，用思维语意交流思维信息是语言行为的基本形式。语音只是内含信息的有声符号，语言行为时语音组成语言与思维语意产生了脱节，就意味着语言行为脱离了思维活动的基础。思维语言行为方式通俗地解说是：语言行为时思维活动不要去想怎么去说或如何去说，而是去想如何用思维语意表达思维信息。语言行为时大脑语言功能使思维信息顺畅持续地形成思维语意，发音系统就能自然地用思维语意以语音形式表达思维信息进行语言行为。

口吃是语言行为时大脑语言功能不按内在规律进行活动，进而在发音系统语言行为过程中所表现出的行为表现。无论是口吃者还是无口吃者，语言行为时大脑语言功能不按内在规律进行活动，发音系统语言行为中都会发生口吃表现，只是两者口吃表现的性质有所区别而已。无口吃者的口吃表现，是大脑语言功能不按内在规律进行活动，在发音系统语言行为中的表现。口吃者的口吃表现，是大脑语言功能按内在规律进行活动产生了障碍，使发音系统语言行为形成口吃的表现。口吃朋友认识了语言功能思维语言行为方式，才能理解语言功能按语言规律进行语言行为的内涵。思维语言行为方式是语言天赋、语言性质和语言内在规律决定的，口吃者要消除口吃语言习惯首先要改变口吃语言行为方式。而改变口吃语言行为方式，就要认识和了解思维语言行为方式。口吃者认识思维语言行为方式，是认识改变口吃语言行为方式的参照样本，掌握运用思维语言行为方式是改变口吃语言行为方式的根本。口吃者用科学方法使语言行为形成思维语言行为方式并发展形成语言习惯，口吃将自然而然地消失在我们语言行为中。

7. 语言行为的规律

语言性质决定了语言行为时思维活动方式，语言天赋决定了语言功能进行语言行为的自然规律。自然就是规律，规律存在于自然之中。语言行为的规律，是指语言功能自然进行语言行为的内在规律，简称为语言规律。口吃现象是大脑语言功能不按内在规律活动，在发音系统进行语言行为时的表现。研究和探索语言规律是认识语言行为与口吃内在联系的基础，也是认识语言行为中口吃原因的基础。自然界事物的存在和发展都有规律和特点，研究和探索事物就是认识事物内在活动的自然规律和特点。我们在人类本能和特性基础上认识语言性质和语言形成的规律，在探索语言功能自然进行语言行为的过程中，才能发现语言行为的自然规律。

想象思维感知和认知语言形成了语言样本的印象和概念，大脑组织内思维与语言就形成了内在联系，同时也形成了逻辑思维自我意识的语言意识。大脑组织内思维信息主要源于右脑，而右脑却是没有语言中枢的哑脑。语言行为时右脑思维信息经胼胝体神经纤维连接左脑，左脑逻辑思维对思维信息编码编辑，引导语言意识使大脑语言功能形成思维语意。左脑记忆功能把思维信息形成的思维语意暂存在左脑内，语言中枢控制指挥发音系统用思维语意，就能顺畅地以语音形式表达思维信息进行语言行为，这就是语言功能按内在规律进行语言行为的自然过程（见图4）。

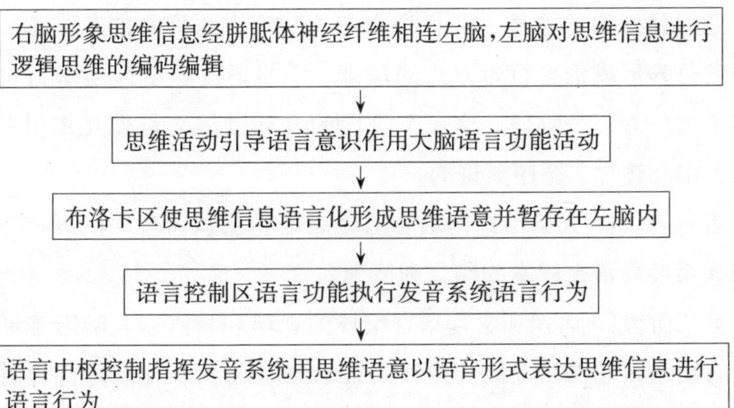

图4　语言功能按内在规律产生和形成语言的过程

认识语言规律使我们对思维语言行为方式的概念有了进一步理解。思维语言行为方式是语言功能按语言规律进行语言行为的方式，也是认识口吃语言行为方式规律的基础。语言规律是语言功能自然进行语言行为的规律，语言功能顺其自然地按内在规律进行语言行为，语言天赋的本能在实践中才能得以发挥和发展。

认识语言规律是口吃者自我意识形成自然语言意识的开始，也是语言行为形成思维语言行为方式的根本。语言功能按语言规律进行语言行为不会发生口吃，口吃者用科学方法使思维语言行为方式发展形成了语言习惯，我们语言习惯的口吃表现就会自然地消失。认识和理解语言规律，是指导口吃者掌握运用思维语言行为方式的基础，也是认识和了解口吃语言规律和口吃语言习惯的基础。

8. 语言意识与语言行为

意识是行为的本质，认识语言意识与语言行为的内在联系，是了解语言行为形成语言行为方式的基础。学习语言和掌握运用语言行为基本上可分为三个阶段，这三个阶段的发展过程又是相互作用、相互促进、相互转化、循序渐进的。

第一阶段：大脑组织内语言活动感悟和认识语言，使语音与语意内在联系形成语言样本的印象和概念。

第二阶段：认识和掌握语言组成的规律和特点，大脑思维形成认识语言的语言思维活动能力。在语言思维基础上形成语言行为时思维活动方式，自我意识形成按语言样本进行语言行为理性认识的实践意识。

第三阶段：语言行为时思维活动引导语言意识作用大脑语言功能活动，思维信息与语言样本产生联系形成思维语意。大脑组织在语言行为实践中加深发音系统用思维语意进行语言行为的感觉和体会，使理性认识与感性认识在实践中逐渐融合，实践意识发展形成自我意识的语言意识。语言功能在语言意识作用下按语言行为样本自然地进行语言行为，语言行为方式逐渐发展形成语言习惯（见图 5）。

大脑组织感悟和认识语言形成语言化思维活动方式，自我意识形成语言意识

↓

语言行为时思维活动引导语言意识作用语言功能在本能基础上进行活动形成语言行为方式

↓

在实践中语言行为的感觉和体会与语言样本的感悟和认识逐渐融合形成印象和概念的样本

↓

思维活动引导语言意识作用语言功能参照样本进行语言行为，并逐渐发展形成语言习惯

图 5　语言行为方式发展形成语言习惯的过程

语言学习总是从感觉系统对语音产生反应开始的，婴儿对语言的语音产生了反应，思维活动自我意识对语音的感悟开始了认识。感知是认知的基础，思维活动自我意识对语言的感悟形成了认识意识，思维活动就由想象思维转变成了逻辑思维活动方式。这就是我们在学习语言过程中，思维活动对语言感悟的感性认识，向理性认识形成思维活动方式的转化过程。幼儿 2 岁左右大脑组织发育趋于成熟，大脑思维形成了逻辑思维活动方式就能在语言思维基础上听懂语言。随着大脑组织和语言系统生理发育的逐渐成熟，语言行为能力在实践中不断地得到发挥和发展，语言意识与语言行为的协调性就能顺其自然。我们在语言行为实践中加深积累了自然进行语言行为的感觉和体会，思维活动方式就会逐渐形成思维习惯，自我意识形成的语言意识也会进一步强化。

我们从思维活动自我意识认识语言，到实践意识作用语言行为形成语言行为方式的发展过程中，不难看出语言意识作用语言行为形成

语言行为方式的轨迹。口吃者要改变口吃语言行为方式，首先要认识语言意识与语言行为的内在联系。口吃语言行为方式是在口吃语言意识作用下形成的。口吃者改变口吃语言行为方式，首先要形成语言规律理性认识的实践意识，由实践意识作用语言行为形成思维语言行为方式。口吃者正确理解语言意识与语言行为的内在联系，是认识改变口吃语言行为方式的基本认识。

9. 语言意识与语言习惯

俗话说：习惯成自然，自然成习惯。语言习惯是思维习惯引导语言意识，由语言行为方式逐步发展形成的。语言行为一旦形成了语言习惯，在思维习惯形成的语言意识作用下，就会自然地按语言习惯进行语言行为。口吃者语言行为时已形成了非语言化思维习惯，思维活动与口吃语言意识就根深蒂固。思维活动自我意识形成口吃语言意识，是口吃语言行为方式发展形成口吃语言习惯的起点。口吃者要消除口吃语言习惯要按语言形成的规律，要经历改变口吃语言意识到改变口吃语言行为方式的过程。正确认识语言意识与语言习惯的关系，用科学方法形成语言行为时语言化思维活动方式，引导语言意识作用语言功能向形成自然语言行为方式的方向发展，才能使口吃者消除口吃语言习惯的过程沿着正确的方向发展。

口吃者培养和形成自然的语言意识，是淡化和改变口吃语言意识的根本，也是改变口吃语言行为方式逐渐消除口吃语言习惯的开始。语言习惯是语言行为方式在一定发展过程中逐渐形成的，口吃者只有认识了语言意识与语言习惯的内在联系，才能理解从改变口吃语言意识到逐渐消除口吃语言习惯的发展过程。口吃者认识了语言性质和规律，认识意识形成的思维活动方式引导实践意识，就会在语言行为实践中对语言行为方式产生作用。口吃者在语言行为实践的过程中，加深积累了自然进行语言行为的感觉和体会，就会形成自然的语言意识。语言功能在自然的语言意识作用下，就能走上形成思维语言行为方式的发展道路。我们思维语言行为方式逐步发展形成了语言习惯，语言行为中口吃表现的性质就发生了变化。我们语言行为时就不会在意和关注语言行为中的口吃，口吃语言意识就能逐渐地淡化和消除。口吃语言意识既不能用强制的方法纠正，也不能用药物治疗和外科手术的方法消除，只能用科学方法按认识与实践形成意识的规律和过程，逐渐地形成自然的语言意识来消除。

第四章　口吃

1. 口吃的由来

口吃语言习惯都是在学习母语过程中，由儿童口吃形成口吃语言行为方式逐渐发展形成的。儿童在初学语言时心灵比较脆弱、心理承受力差，在发生口吃时容易产生恐惧和不知所措的心理活动。儿童在感悟和认识语言与感觉和体会语言行为过程中，大脑组织内语言活动还须经历语言与语言行为的磨合转化过程。语言行为中发生口吃是错误语言行为方式的表现，而对儿童来说却是一个无法避免的自然现象。当儿童意识到口吃不好，在意和关注自己的语言行为时，就会本能地形成想通过自身努力避免和克服口吃的思维活动方式。儿童自我意识会认为，语言行为时只要发音系统发好组成语言的语音就不会发生口吃。儿童为了避免和克服语言行为中发生口吃，语言行为时语言意识就会本能地转移在语言的发音上。思维活动引导语言意识转移在语言的发音上，是语言行为时非语言化思维活动方式，也是使大脑语言功能形成思维语意产生障碍的根源。语言行为是发音系统表达思维信息的有意识行为表现，语言行为时思维活动是逻辑思维活动方式。根据脑科学大脑自闭性的理论，左脑逻辑思维增强后，右脑想象思维会产生相对的自闭作用。大脑逻辑思维活动的发展，想象思维活动就会相应地减弱，思维活动方式的侧重性就会发生转变而逐渐形成逻辑思维习惯。随着儿童大脑思维活动方式形成了逻辑思维习惯，非语言化思维活动方式在自我意识作用下就产生了惯性思维（见图6）。儿童大脑组织发育正处在趋于成熟还未成熟的非常活跃阶段，自我意识的惯性思维引导口吃语言意识就会逐渐地根深蒂固，使大脑语言功能就会习惯性地不按内在规律进行活动。语言行为时大脑语言功能不按内在规律进行活动，思维信息语言化形成思维语意就产生了障碍，发音系统语言行为中口吃就无法避免。儿童语言行为中口吃的加剧，增强了语言行为的恐惧感，恐惧感又强化了语言行为

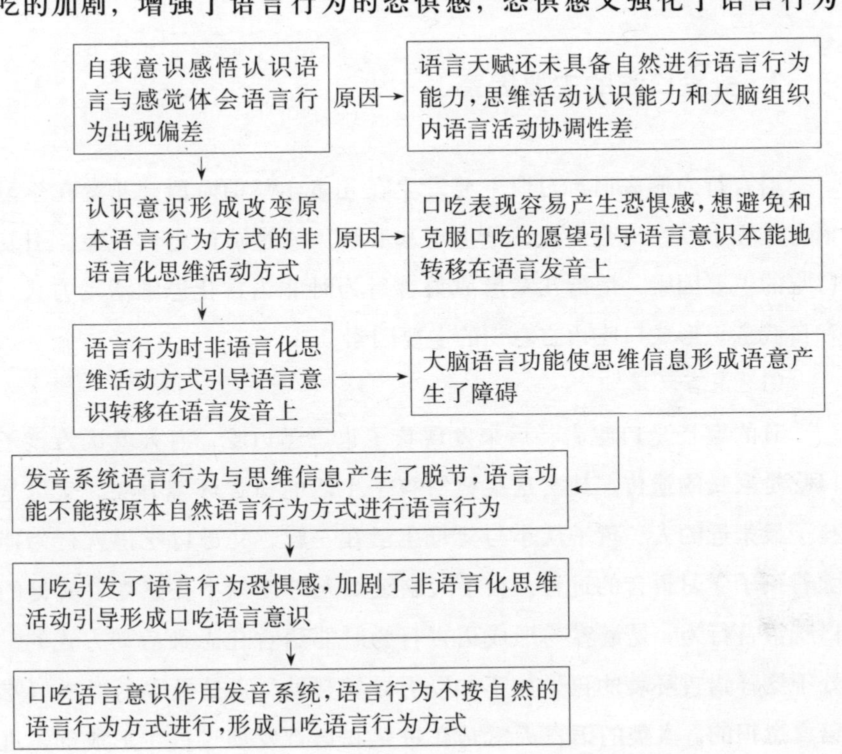

图6　儿童语言行为形成口吃语言行为方式的过程

时非语言化思维活动方式。这样儿童语言行为在口吃语言意识作用下按语言形成的规律，就走上了由口吃语言行为方式逐渐形成口吃语言习惯的发展道路。

儿童语言功能一旦在口吃语言意识作用下形成了口吃语言行为方式，在使用任何语言时口吃语言行为方式都不会发生改变。儿童语言行为在还未形成语言习惯时，是最容易形成非语言化思维活动方式，引导形成口吃语言意识的危险阶段。这也是我们防止儿童形成口吃语言行为方式的关键阶段。

2. 引发口吃的主要因素

语言行为形成语言习惯主要发生在儿童学龄前阶段。儿童在学习语言过程中发生口吃表现，是生理和心理因素造成的自然现象。引发口吃的主要因素，是指儿童形成语言行为时非语言化思维活动方式，和自我意识形成口吃语言意识的主要因素。

(1) 语言环境

有的家长是口吃者，后来发现孩子也患了口吃，有人就认为孩子口吃是家长的遗传。其实这主要与孩子生活的语言环境有关。父母是孩子最亲近的人，孩子从小与父母生活在一起，父母口吃语言行为伴随着孩子学习语言的过程。孩子大脑组织无时无刻不在感受着父母的口吃语言行为，是最容易形成语言行为时非语言化思维活动方式的。处于这样语言环境的孩子如不加以引导和帮助，也是最容易形成口吃语言意识的。人类的语言天赋是在进化和语言发展过程中形成的，进化是遗传的积累，进化和遗传是漫长的过程。我们否定口吃遗传论，不是否定语言天赋在进化过程中的遗传作用，是指口吃的起因和原因与遗传因素的关系是微乎其微的，与语言环境相比是完全可以忽略不计的。家庭成员中有口吃患者，我们要特别关注儿童在学习语言过程中的语言行为表现。儿童在语言学习过程中特别关注他人的语言行为表现，对语言和语言行为充满着兴趣和欲望。儿童刚开始进行语言行为时，自己也不知道语言行为应该怎样进行。只是通过在语言环境中得到的感悟和认识，凭本能顺其自然地模仿他人的语言行为。任何不良语言环境的因素都会影响大脑组织的感悟和认识与感觉和体会，引发改变自然思维活动方式引导语言意识转移在语言的发音上，从而导致自我意识逐渐形成口吃语言意识。

(2) 生活环境

婴儿来到这陌生的世界，对生活环境中发生的一切，充满着好奇和求知的欲望。同时稚嫩而脆弱的心理，对周围发生的一切又充满着疑惑和恐惧。温馨和关爱的生活环境有利于儿童身心健康地成长，而扭曲的生活环境会使稚嫩和脆弱的心理产生阴影。儿童语言天赋还不具备自然地进行语言行为的能力，在语言行为实践中难免会遇到发生错误语言行为方式的表现。这些因素使儿童语言行为中发生了口吃，而扭曲或不和谐的生活环境，会增加儿童心理活动对语言产生负面影响。这样不但不利于儿童语言天赋的自然发挥，还会使大脑思维活动呆滞无所适从而加重心理阴影。语言行为时大脑思维不能顺畅自然地进行活动，产生语言的基础必然会受到影响。儿童生活在这样的环境下，语言天赋发挥将会大打折扣，久而久之就会产生恐惧和回避语言行为的心理活动。儿童对语言行为产生了恐惧和回避的心理活动，正常语言行为实践就会相对地减少，直接影响了语言行为能力的正常发挥和发展。儿童思维活动不活跃和语言行为能力得不到应有实践的练习，语言行为时大脑组织内语言活动形成思维语意的协调性就会产生障碍，影响了发音系统语言行为能力的自然发挥。儿童语言行为能力的整体下降，加之口吃使儿童产生了语言行为恐惧感，如此发展下去就会加剧语言行为时非语言化思维活动方式，并逐渐形成口吃语言意识。温馨、关爱的生活环境有利于儿童身心健康地成长，也是发挥语言天赋自然进行语言行为的重要外部因素。

（3）模仿他人口吃语言行为

大家知道感兴趣和爱好的事情，人们对它的接受能力一定又快又强。很多口吃者的口吃语言习惯就是在儿童学习语言时期，出于好奇或好玩由模仿他人口吃语言行为而引发的。掌握运用语言行为是语言功能模仿和实践语言行为，大脑组织感觉和体会语言行为形成印象和概念的过程。儿童模仿他人的口吃语言行为，对原本自然语言行为的感觉和体会就会产生偏差，无意之中语言行为发生口吃的频率就会增大。当儿童意识到口吃不好，为了避免和克服语言行为中口吃发生，思维活动方式会本能地引导语言意识转移在语言的发音上。儿童思维活动有意识地改变原本自然的语言行为方式进行语言行为，不但避免和克服不了语言行为中的口吃，反而会适得其反。当儿童语言行为方式回归不到原本自然的语言行为上来，儿童已经从好奇或好玩模仿他人的口吃语言行为，转变成语言功能在口吃语言意识作用下按口吃语言行为方式进行语言行为了。儿童在学习语言过程中模仿他人口吃语言行为，是最容易形成语言行为时非语言化思维活动方式的。这也是很多口吃者先是出于好奇或好玩模仿他人的口吃语言行为，无意中形成了口吃语言行为方式，并在口吃语言意识作用下逐渐形成口吃语言习惯的起因。

口吃语言行为方式的形成有其外部的因素，但主要还是内在因素发生变化造成的，只是内在因素变化是受到了外部因素的影响。引发口吃的因素并不复杂，我们只有透过现象看本质，认识了事物内在变化的规律，才能采取有效方法抓住主要因素，防止儿童形成口吃语言行为方式。

3. 口吃语言行为的规律和特点

无口吃者语言行为中的口吃表现，是无意识语言功能不按内在规律进行语言行为的表现。口吃者语言行为中的口吃表现，是口吃语言意识使语言功能按口吃语言规律进行语言行为的表现。这就是两者语言行为内在规律的根本区别。口吃者大脑组织和语言系统发育均已成熟，语言行为时非语言化思维习惯引导口吃语言意识根深蒂固。口吃者已形成了口吃语言习惯，语言功能在口吃语言意识作用下，必然按口吃语言规律的语言行为方式进行语言行为。

我们把语言功能按口吃语言行为方式进行语言行为过程的规律，称为口吃语言行为的规律。

口吃者语言行为时非常在意口吃，在意就是自我意识的表现。口吃者语言行为时想纠正和克服语言行为中的口吃，在语言行为开始非语言化思维习惯引导口吃语言意识，就习惯性地转移在语言的发音上了。语言行为时大脑语言功能形成思维语意习惯性地产生障碍，思维信息与语言行为习惯性地产生了脱节，发音系统就习惯性地按口吃语言规律进行语言行为。口吃者语言行为时思维活动在意口吃的自我意识越强，非语言化思维习惯引导语言意识转移在语言发音上的惯性就越大，发音系统语言行为受口吃语言规律的束缚就越加剧，语言行为中的口吃就越要顽强地表现出来。口吃者语言行为中口吃加重，加剧了语言行为恐惧感，同时又加剧了自我意识的口吃语言意识，这样语言行为方式在口吃语言规律的循环中就无法摆脱出来，这就是口吃语言规律的特点（见图 7）。

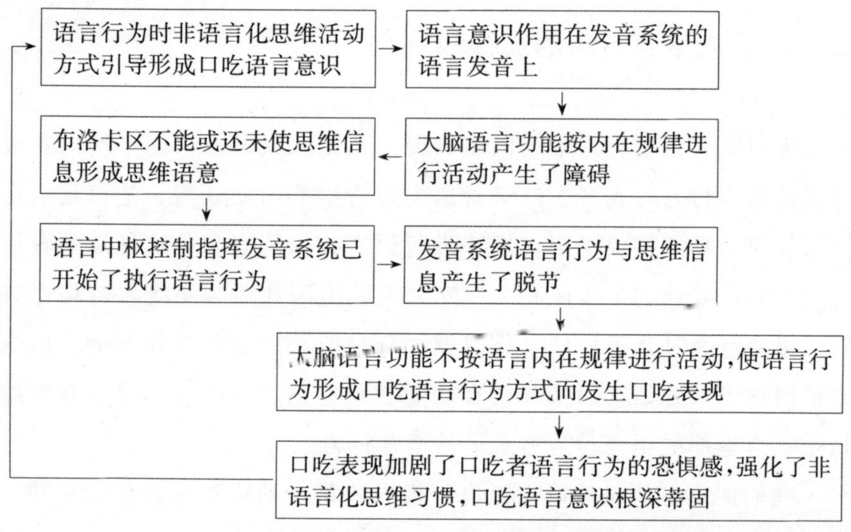

图 7　语言功能按口吃语言行为方式进行语言行为的过程

语言行为是语言功能表达思维信息的行为表现，发音系统要以语音形式表达思维信息，大脑语言功能就要按内在规律进行活动。无口吃者在想说“我要干什么……”时，思维活动引导语言意识作用大脑语言功能，先使思维信息形成“我要干什么……”的思维语意，发音系统就能用思维语意顺畅地进行语言行为了。这是无口吃者语言行为时发挥语言天赋，发音系统按语言规律进行语言行为的思维语言行为方式。口吃者在想说“我要干什么……”时，非语言化思维活动习惯性地引导语言意识先转移在语言的发音上，使大脑言功能使“我要干什么……”的思维信息形成思维语意就产生了障碍。语言行为时大脑语言功能还没有把“我要干什么……”形成完整的思维语意，语言中枢控制指挥发音系统已开始了“我要……”的语言行为，使发音系统语言行为的持续性与思维信息产生了脱节。这样口吃者语言行为方式就进入了口吃语言规律的轨道，使语言行为在口吃语言规律怪圈里徘徊而无法摆脱出来。这就是无口吃者与口吃者语言行为时，语言行为方式在进行语言行为过程中内在规律上的本质区别。

4. 口吃语言习惯的特殊性和特点

口吃者语言行为时非语言化思维习惯引导口吃语言意识根深蒂固，思维活动想纠正和克服口吃的自我意识越强，大脑组织内语言活动就越不按内在规律进行活动，这就是口吃语言习惯的特殊性。

语言行为时思维活动、语言意识和大脑语言功能活动都是大脑组织内部的语言活动，发音系统语言行为只是大脑组织内部语言活动的表现形式。口吃语言习惯是大脑组织内语言活动不按内在规律进行活动，发音系统口吃语言行为方式进行语言行为形成的语言习惯。我们用强制的方法可以制止肢体功能的行为习惯，我们却不可能用相同的方法制止大脑组织内部语言活动的行为习惯，这就是我们对口吃语言习惯不同与其他肢体功能行为习惯特殊性的认识。

口吃语言习惯有它的特殊性，必然有它特殊性的特点。口吃语言习惯特殊性的特点就是：语言行为时非语言化思维习惯自我意识的出发点，与口吃语言意识对大脑语言功能形成行为方式的作用点，正好都积聚在发音系统语言发音的同一点上，共同造成了大脑组织内语言活动不按内在规律进行活动。口吃者说话时想纠正和克服口吃的自我意识越强，非语言化思维习惯引导口吃语言意识就越强，大脑语言功能使思维信息形成思维语意就越产生障碍，发音系统就越按口吃语言行为方式进行语言行为。尽管口吃发生在发音系统的语言行为过程中，而发音系统形成口吃语言行为方式不是发音系统自身决定的。只是大脑组织内语言活动不按内在规律进行活动，在发音系统语言行为中的行为表现。大脑思维、语言意识和大脑语言功能活动是大脑组织内部的隐秘部分，我们不能用人为强制的方法改变非语言化思维习惯引导的口吃语言意识的习惯，就不可能改变大脑语言功能不按内在规律进行活动的习惯，发音系统口吃语言行为方式的语言习惯就不可能发生改变。所以口吃者不改变语言行为时非语言化思维习惯引导的口吃语言意识，逐渐改善大脑语言功能形成思维语意的协调性，发音系统语言行为就无法摆脱口吃语言行为方式。口吃者要消除语言行为中的口吃语言习惯，必须清楚地认识口吃语言习惯的特殊性和特点。我们用科学方法逐渐改善了大脑组织内语言活动的协调性，才能从根本上改变发音系统的口吃语言行为方式，并逐渐消除口吃语言习惯。

5. 口吃与口吃现象

口吃与口吃现象是两个不同性质的概念，它们既有口吃表现的共性又有本质上的区别。判断一个人是否是口吃患者，不是看他语言行为中是否有口吃的行为表现，而是要分析发生口吃表现的性质。我们科学鉴定口吃不但要对口吃语言习惯有质的定性，还要对口吃程度有度的区分。口吃表现与口吃者的口吃语言习惯程度有关，还与语言行为时的环境、情绪等诸多因素有关。

口吃现象是说话时，有语音不流畅、停顿、拉长音、重复音或发不出音等行为表现。大家知道很多无口吃者，在情绪过于激动或受到惊吓时也会出现口吃现象。人的情绪过于激动，大脑思维活动必然处于高度兴奋或不知所措的状态。这时大脑组织内语言活动的协调性就容易产生偏差和障碍，发音系统将较难按常态自然地进行语言行为。人在受到恐怖惊吓或非常情况下，大脑思维活动容易产生思路混乱或不知所措的状况，造成大脑组织内一下子找不到合适的词汇形成思维语意。语言行为时大脑语言功能形成思维语意出现了障碍，发音系统不能自然地进行语言行为必然会出现口吃表现。有时我们在看新闻直播时会偶尔发现，有些很棒的播音员也会发生轻微的口吃现象。思维是语言的基础，播音员发生轻微口吃现象，是播音时思想不集中走神引起的。这既不是他们语言行为时思维活动方式的问题，也不是语言功能活动行为方式的问题。正确认识口吃与口吃现象，是正确认识口吃概念的基础。认识和分清口吃与口吃现象的本质区别，是我们研究和探索语言行为与口吃的基本认识。

6. 口吃表现的分类与原因

口吃者语言行为中的口吃表现是变化无常的，不同环境、不同情绪口吃表现的程度是不同的。为了更好地帮助口吃朋友认识和了解口吃表现与原因的内在联系，我们把口吃表现分为轻度、中度和重度三种类别。口吃表现程度的分类没有严格意义上区分，更不是对口吃种类的划分，只是为了便于分析造成这三种口吃表现的原因。

(1) 轻度口吃

轻度口吃表现：

轻度口吃表现主要是语言行为时，有语音不流畅、停顿、语气和语调无节奏感，但发音系统基本上能进行表达思维信息的语言行为。

轻度口吃原因：

语言行为时非语言化思维活动自我意识相对较强，有引导语言意识转移在语言发音上的倾向。大脑组织内语言样本与思维语意的内在联系还不巩固，发音系统用思维语意进行语言行为的感觉和体会，还未形成语言行为样本较深的印象和概念。语言行为时大脑组织内语言活动形成思维语意的协调性较差，语言中枢掌控发音系统执行语言行为的能力相对较弱。语言行为时大脑语言功能使思维信息形成思维语意，经常会出现滞后于发音系统语言行为的状况，使语言行为方式容易进入口吃语言规律的轨道。轻度口吃者的口吃表现，是非语言化思维活动引导语言意识转移在语言发音上，发音系统语言行为方式按口吃语言规律进行语言行为的表现。

(2) 中度口吃

中度口吃表现：

中度口吃表现除了有轻度口吃表现外，还有对某个语音拉长音或重复某个语音和词语的口吃现象。语言行为不顺畅较为困难和吃力，有回避和恐惧语言行为的倾向和心理活动。

中度口吃原因：

中度口吃表现一般发生在儿童年龄段以上的人群，基本上都是口吃语言习惯的行为表现。中度口吃者语言行为已形成了口吃语言习惯，大脑语言功能习惯于不按内在规律进行活动。中度口吃者由于逻辑思维习惯自我意识较强，语言行为时非语言化思维习惯总是习惯性地引导语言意识转移在语言的发音上。语言行为时口吃语言意识使大脑语言功能形成思维语意习惯性地产生障碍，语言行为与思维信息习惯性地产生脱节，语言行为方式就容易陷入口吃语言规律的恶性循环之中。这样语言行为时就会出现停滞在已完成的词语和语音上拉长音，或反复徘徊在已完成的词语上，而无法顺畅持续地进行语言行为。如我们想要说“我要到那里去……”，当布洛卡区还未使思维信息完全形成“我要到那里去……”的思维语意时，语言中枢控制指挥发音系统已开始了“我要”的语言行为，而且自我意识总希望发音系统能把“到那里去”说出来。这时思维活动引导语言意识转移在语言发音上，大脑语言功能形成“到那里去”的思维语意产生了障碍，使发音系统语言行为与思维信息产生了脱节。发音系统语言行为停滞在“我要”的思维语意上，这样就出现了“我……要……”语音的拉长音，或把“我要……我要……”反复地重复，而说不出“到那里去”的完整语言行为。造成这种情况的原因，是口吃者把“我要到那里去”的词语，作为发音系统的发音在进行语言行为。而不是在大脑语言功能形成“我要到那里去”的思维语意后，再由发音系统用思维语意进行语言行为所致。这是语言行为时大脑语言功能使思维信息形成思维语意，滞后于语言中枢控制指挥发音系统执行语言行为的表现，也是大脑语言功能使思维信息形成思维语意有障碍和协调性差的表现。

中度口吃者语言行为时有个习惯，当自我意识感觉在某个语音上发生口吃表现较多时，就会有意识去回避这个语音组成的词语。口吃者在某个语音上拉长音或重复词语，是在想要回避他们认为可能出现口吃的某个语音。大脑语言功能要形成其他思维语意需要有过程，在这种思维活动引导下大脑语言功能形成思维语意就出现了迟疑和徘徊，发音系统就会出现绕圈子说话的行为表现。造成这种口吃表现，是口吃者对这些语音和词语进行语言行为的感觉和体会，还未形成较深语言行为样本的印象和概念。这也是口吃者缺乏对这些语音或词语进行语言行为的自信心，语言行为时有恐惧和回避语言行为心理活动的反应。中度口吃者有口吃语言习惯，无论是非语言化思维习惯引导语言意识转移在语言的发音上，还是恐惧和回避语言行为的心理活动，都会影响大脑组织内语言活动使思维信息形成思维语意。因而就会造成语言行为与思维信息的暂时脱节，使语言行为中发生语音拉长音或重复语音和词语的口吃表现。而且语言行为时这种自我意识越强，口吃就越要表现出来，这样又会加剧语言行为的恐惧感。口吃者在遇到这种情况语言行为时心里总会先开始紧张，心里越紧张对正常思维活动的干扰就越大，发音系统语言行为中的口吃就越发地要表现出来。

(3) 重度口吃

重度口吃表现：

重度口吃表现除了有中度口吃表现外，还表现有发音困难、发不出音，并有其他肢体动作和面部肌肉抽搐的现象。语言行为困难和吃力，有较深恐惧语言行为的心理活动。

重度口吃原因：

重度口吃是从中度口吃发展而来的。重度口吃者生理发育基本成熟，自我意识与口吃语言意识的融合已根深蒂固。重度口吃者心理活动长期在口吃阴影笼罩下，语言意识已被口吃阴影深深地笼罩着，自我意识与恐惧感交织在一起丧失了语言行为自信心。重度口吃者在任何情况下，总是采取尽量回避语言行为的态度。长期在口吃泥潭里挣扎，大脑组织内很少或从来没有随心所欲进行语言行为的感觉和体会。俗话说：三天不练手生，三天不唱口生。重度口吃者平时不爱主动说话，语言行为严重缺乏实践的练习，语言功能活动的协调性和行为能力都很差。语言行为时语言中枢对发音系统已发出了执行语言行为的指令，面部肌肉已在中枢神经指挥下有所运动，而发音系统还是不能协调地进行语言行为。有时重度口吃者为了使语言行为顺利进行，还会出现一些其他肢体动作的行为表现。这些现象是重度口吃者非语言化思维习惯引导口吃语言意识根深蒂固，与恐惧语言行为心理活动交织在一起，语言中枢掌控发音系统执行语言行为能力和发音系统自身行为能力极差的表现。

重度口吃者语言行为时的状态：

● 自我意识非常在意口吃，想把话说好的愿望非常强烈，非语言化思维习惯引导口吃语言意识根深蒂固。口吃语言规律和口吃语言习惯的特点，已牢牢地束缚着按口吃语言行为方式进行语言行为。

● 心理活动在恐惧口吃阴影深深笼罩下缺乏语言行为自信心，恐惧感又干扰了产生语言的思维活动，大脑语言功能使思维信息形成思维语意有习惯性的障碍。

● 长期少言寡语，缺乏应有语言行为的练习和实践，发音系统肌肉运动比较僵持，发音系统语言行为的协调性和行为能力都很差。语言中枢掌控发音系统执行语言行为的能力，较难协调发音系统自然地进行语言行为。

● 大脑组织内没有自然进行语言行为的感觉和体会，口吃语言规律和口吃语言习惯的特点，又不能使发音系统顺畅地进行语言行为，对语言行为充满了恐惧感而丧失了自信心。

以上几种因素交织在一起，重度口吃者在遇到非要进行语言行为时，首先会产生恐惧和紧张的心理活动。在语言行为的开始思维习惯已习惯性地引导语言意识，全都转移在语言的发音上。口吃语言习惯长期遏制了语言行为能力的正常发挥，语言行为方式在口吃语言规律的怪圈里恶性循环，这样重度口吃者语言行为就会出现发音困难、发不出音等重度口吃表现。即使语言行为时有其他肢体动作和面部肌肉的抽搐，还是对发音系统顺畅地进行语言行为无济于事。口吃表现已使重度口吃者对语言行为的心理状态发生了一定的变化，究其根源还是语言行为中的口吃造成的。

我们把口吃表现的程度分为轻、中、重三种类别，是因为造成不同程度口吃表现的原因有所不同。我们给口吃表现程度分类不是给口吃分种类，而是为了让口吃者能较具体地认识口吃表现与口吃原因的内在联系。口吃者要根据自身实际情况，对自己口吃表现有个客观真实的认识。口吃者客观真实地认识了自己口吃表现的现状，才会对改变和消除口吃方法和过程有正确的理解，才能用科学方法更好地进行改变和消除口吃语言习惯的实践。

7. 口吃定义

我们给口吃定义不是给口吃起名称，也不是描述口吃现象的行为表现。而是要搞清楚什么叫口吃、什么是口吃现象、什么是口吃语言行为方式、什么是口吃语言规律、什么是口吃语言意识、什么是口吃语言习惯、什么是口吃患者，以及它们的内在联系及本质区别。

口吃是广义的称呼，一般是指发音系统语言行为中口吃表现的俗称。口吃现象、口吃语言行为方式、口吃语言规律、口吃语言意识、口吃语言习惯、口吃患者是不同性质的概念，它们共属口吃俗称的范畴，又有本质上的区别。我们认识和分清了共属于口吃范畴的概念，及它们的内在联系和本质区别才能认定口吃定义。

口吃一般是指语言行为中口吃现象的表现。口吃现象是语言行为时，有语音不顺畅、停顿、拉长音、重复音或发不出音等行为表现。口吃和口吃现象是语言行为时大脑语言功能不按内在规律进行活动，在发音系统语言行为时的表现。语言功能不按或违背内在自然规律进行语言行为，是口吃语言行为方式。语言功能按口吃语言行为方式进行语言行为的规律，是口吃语言规律。语言行为时思维活动引导语言意识转移在语言的发音上，是违背语言性质的非语言化思维活动方式。非语言化思维活动方式引导在语言发音上的行为意识，是口吃语言意识。语言行为时非语言化思维活动方式，是引导形成口吃语言意识的根源。口吃语言意识是使大脑语言功能形成思维语意产生障碍的本质，也是形成口吃语言行为方式的根本。口吃语言行为方式发展形成的语言习惯是口吃语言习惯。有口吃语言习惯的语言行为者，称为口吃患者。口吃现象、口吃语言行为方式、口吃语言习惯是不同性质的概念，它们有口吃的共性，俗称为口吃。语言行为时非语言化思维活动方式、口吃语言意识、口吃语言规律、口吃语言习惯，同属口吃定义的范畴。

第五章　改变和消除口吃的要点和方法

改变和消除口吃的要点和方法，就是帮助口吃者认识要点，掌握改变口吃语言行为方式和消除口吃语言习惯的科学方法。口吃者通过学习语言行为与口吃的理论，理解了语言行为口吃的起因和原因，认识了语言行为与口吃的内在联系，口吃这一语言行为中的特殊现象，就不再是不可琢磨和不可驾驭的了。本章主要对改变和消除口吃的要点和方法进行阐述，口吃者可根据自身的实际情况领悟要点，掌握方法，按语言形成的规律有的放矢地进行语言练习和训练。

1. 消除口吃语言习惯的思路

口吃语言习惯的特点决定了不改变非语言化思维习惯引导改变口吃语言意识，大脑语言功能按内在规律活动产生障碍的习惯性就无法改变。认识错误是改变和消除错误的基础，口吃者客观真实地认识自己语言行为的状况，才能把握好消除口吃语言习惯的思路和过程。

口吃语言习惯的感觉和体会是无口吃者无法感受得到的。口吃者不消除口吃语言行为方式的语言习惯，口吃就会习惯性地在语言行为中表现出来，恐惧语言行为就是自然的心理活动表现。口吃者在学习语言过程中由于各种内外因素形成了口吃语言行为方式，并按语言形成的规律发展形成了口吃语言习惯。口吃者消除口吃语言习惯也要按语言形成的规律，用科学的方法掌握运用自然的思维语言行为方式，并在实践中逐渐形成自然的语言习惯。我们在语言练习过程中逐渐改变和消除了遏制发挥和发展语言天赋的内外因素，走上自然进行语言行为的道路，这就是口吃者消除口吃语言习惯的思路。

我们消除口吃语言习惯的目的，就是要在自然进行语言行为的过程中自然而然地形成语言习惯。口吃者与无口吃者有相同的语言天赋，我们发挥语言天赋自然进行语言行为的本能是毋庸置疑的。语言行为属行为的范畴，语言习惯是语言行为方式在自然发展过程中形成的。口吃者消除口吃语言习惯的方法自然重要，而我们认识消除口吃语言习惯过程的思路一定要正确。

口吃者的语言练习和训练，是掌握改变和消除口吃科学方法的过程。在语言练习和训练过程中，不要在意语言行为中的口吃表现，而是要感觉和体会掌握改变和消除口吃的科学方法。口吃者用科学方法使语言行为形成了思维语言行为方式，我们语言天赋的本能就能自然地发挥和发展。口吃者思维语言行为方式逐渐发展形成了语言习惯，口吃表现就会自然而然地消失，我们恐惧语言行为的心理活动就不复存在。口吃者有语言天赋和学习语言的环境，我们改变和消除口吃的思路切合实际和方法得当，语言行为就能走上发挥语言天赋自然进行语言行为的轨道。这就是我们在人类本能和特性基础上，根据口吃语言规律和口吃语言习惯的特点，按语言形成的规律逐渐改变和消除口吃语言习惯的思路。

2. 用语言思维形成思维语意

口吃者说话时无法在语言思维基础上形成思维语意，就是大脑组织内语言活动在语言与语言行为不同行为方式转化中产生障碍造成的。大脑组织内语言思维与思维语意的内在联系，是大脑组织内语言活动实现语言向语言行为不同行为方式转化的基础。口吃者在语言行为实践中掌握语言思维与思维语意的自然转化，语言行为时大脑语言功能就能使思维信息顺畅地形成思维语意。口吃者在日常生活中要充分利用语言环境的氛围，在语言思维基础上加深思维与语意的内在联系，反复地感悟和认识语言思维与思维语意相互转换的感觉和体会，布洛卡区形成思维语意的习惯性障碍就会渐渐地发生改变。

我们大脑组织控制的语言感知系统，除了能感悟和认识别人的语言行为，还能感悟和认识自己语言行为的感觉和体会。我们能正确掌握运用语言行为，就是在感悟和认识语言与感觉和体会语言行为的磨合过程中，在不断感觉错误和纠正错误中逐渐完成的。口吃者大脑组织内语言思维活动没有障碍，就要在语言行为实践中加深语言思维转化形成思维语意的感觉和体会。口吃者大脑组织内语言思维活动没有障碍，用语言思维的语言样本转化形成思维语意，加深发音系统用思维语意进行语言行为的感觉和体会。有助于改善语言行为时大脑语言功能活动形成思维语意的协调性，这样就能逐渐实现大脑组织内语言活动不同行为方式的自然转化。

虽然口吃者用语言思维转化形成思维语意的感觉和体会不可能一蹴而就，但我们通过语言练习大脑组织内语言活动按内在规律活动的协调性在逐渐地改善，发音系统语言行为方式就会向回归自然规律的方向发展。这就是我们在复杂微妙的语言行为过程中抓住要点，帮助口吃者逐渐改善大脑语言功能活动形成思维语意的协调性。让口吃者运用和发挥语言思维的基础，用科学方法形成思维语言行为方式的方法之一。

3. 用思维语意引导发音系统进行语言行为

口吃者有口吃语言习惯，并不是说语言天赋的本能在语言行为过程中荡然无存。只是大脑组织内语言活动违背了内在规律进行活动，使发音系统语言功能发挥受到了遏制和削弱。我们让口吃者用思维语意引导发音系统进行语言行为，不是让口吃者在创造什么语言行为方式。而是根据人类本能和特性按语言形成的规律，帮助口吃者抓住改变和消除口吃的要点，用科学方法使语言行为方式回归自然规律的发展轨道。口吃者用思维语意引导发音系统进行语言行为，是引导发音系统语言行为形成思维语言行为方式的方法。例如我们在语言练习或读文章时，思维活动自我意识先去感悟和认识文字与思维语意的联系，而不要去考虑组成文字的语音，逐渐使引导语言意识转移在语言发音上的思维习惯发生改变。这样就能使大脑语言功能不按内在规律活动的行为方式，逐渐摆脱非语言化思维习惯和口吃语言意识的引导。语言行为时大脑语言功能形成思维语意贯穿着语言行为的始终，更是发音系统语言功能自然进行语言行为的基础和关键。口吃者抓住了用思维语意引导发音系统自然进行语言行为的形式，语言行为方式才能逐渐走上自然进行语言行为的发展道路。口吃者要感悟和认识无口吃者语言行为的感觉和体会，用思维语意引导发音系统进行语言行为就是有效方法之一。口吃者用思维语意引导发音系统进行语言行为，能逐渐提高语言中枢掌控发音系统执行语言行为的能力，发音系统语言行为能力也能在自然进行语言行为过程中逐渐地得到提高。口吃者用思维语意引导发音系统进行语言行为，不但能改善语言行为开口难和淡化口吃语言意识，还能有效削弱对语言行为的恐惧感。口吃者在语言行为实践中加深积累了，用思维语意引导发音系统进行语言行为的感觉和体会，思维活动自我意识就会逐渐形成自然进行思维语言行为方式的语言意识。语言行为时语言功能在语言意识作用下，就能自然地按思维语言行为方式进行语言行为了。

口吃者适用语言天赋的本能，是语言功能适用按语言规律自然进行语言行为的基础。口吃者不消除造成大脑语言功能不按内在规律进行活动的内在因素，语言行为方式是无法从口吃语言的规律中摆脱出来的。口吃者抓住了改变和消除口吃的要点，还要在实践中掌握改变和消除口吃的科学方法。语言规律存在于发挥语言天赋自然进行语言行为的过程中，我们只有按语言规律顺其自然，才能逐渐地改变和消除语言功能不按内在规律进行活动的内在因素。这也是我们帮助口吃者根据口吃语言规律的特点，用科学方法按语言形成的规律，使语言行为逐渐回归自然语言行为方式的方法之一。

4. 用意识形语言练习形成自然的语言意识

我们把无须发音系统语言行为参与，大脑组织内思维活动、语言意识、语言功能按内在规律进行活动的无声语言行为，称为意识形语言行为。意识形语言行为是没有发音系统发音行为参与的语言行为，这就是意识形语言行为的特点。婴儿在学习语言的初期，都有“内心语言”行为的现象，这就是在现实生活中意识形语言行为的自然现象表现。

我们在学习语言过程中思维活动自我意识形成语言意识，就是在实践中由潜意识→意识形→实践意识逐步发展形成的。大脑组织是一个高度统合的神经控制中枢，大脑语言功能是语言系统内语言功能的核心。婴儿在意识形语言行为实践过程中，练习了大脑组织内语言活动按内在规律协调性的发挥和发展，为日后发音系统发育成熟自然地进行语言行为奠定了基础。发音系统语言行为形成口吃语言行为方式有原因和过程，口吃语言行为方式发展形成口吃语言习惯也有原因和过程。如果幼儿在意识形语言行为实践过程中，对意识形语言行为的感觉和体会出现偏差，就会影响意识形语言意识的自然发展，使思维活动自我意识形成自然语言意识会产生偏差。这也是口吃者在学习语言向掌握语言行为转化过程中，思维活动自我意识形成口吃语言意识的由来和发展过程。

意识形语言行为无须发音系统语言行为的参与，口吃者用意识形语言行为进行语言练习，就能淡化口吃语言意识和消除语言行为的恐惧感。口吃者语言思维没有障碍和大脑语言功能没有缺陷，就能在语言思维基础上顺畅随意地进行意识形语言行为。口吃者通过意识形语言行为练习，改善了大脑组织内语言活动形成思维语意的协调性，思维活动自我意识就能逐渐形成自然的语言意识。口吃者用意识形语言行为进行语言练习，大脑组织内语言活动按内在规律进行活动的协调性，也能逐渐地得以改善和发挥。口吃者在意识形语言行为练习中，由意识形语言意识逐渐形成了自然的语言意识，是逐渐形成大脑语言功能自然进行活动的根本。这就是我们根据意识形语言行为特点和口吃语言习惯特殊性的特点，用意识形语言行为练习形成思维活动自我意识自然的语言意识，使语言意识作用语言功能自然形成思维语言行为方式的方法。

大脑语言功能是语言系统内语言功能的核心部分，口吃者用意识形语言练习改善了大脑语言功能活动形成思维语意的障碍，是改变发音系统口吃语言行为方式的根本。口吃者在意识形语言练习时发音系统可以不发音，也可以跟着意识形语言行为随意性地发音。这种语言练习口吃者不要去考虑发音系统语言行为的效果和质量，只要坚持思维活动对意识形语言行为的主导，目的是为了加深大脑语言功能活动自然形成思维语意的感觉和体会。口吃者通过意识形语言行为练习，改善了大脑语言功能形成思维语意的协调性，语言中枢控制指挥发音系统执行语言行为的能力也能自然地提高。在此基础上口吃者再根据自身的实际情况，逐渐加大发音系统语言行为参与意识形语言练习的力度，使意识形语言行为逐渐接近于发音系统的语言行为。口吃者根据意识形语言行为的特点，还可充分利用各种时间和空间，随意性地进行意识形语言行为的自我练习。如我们在日常生活中把看到的文字，随意性地进行意识形语言行为练习，不断巩固思维活动形成的自然语言意识。口吃者通过意识形语言练习形成了自然的语言意识，就能使语言行为水到渠成地形成思维语言行为方式。

5. 掌握运用思维语言行为方式

掌握运用思维语言行为方式就是在语言行为实践中，加深积累思维语言行为方式进行语言行为的感觉和体会，在大脑组织内形成语言行为样本印象和概念的过程。大脑组织内感觉和体会语言行为形成的印象和概念越深刻，语言行为时大脑语言功能对语言意识的反应就越迅速，思维信息形成思维语意就越娴熟，发音系统就能从容地参照样本的印象和概念进行语言行为。这也是在思维语言基础上大脑组织内语言活动，从学习语言到掌握运用语言行为的自然转化过程。

口吃者一般读文章有一定的困难，而产生这种状况的根本原因，就是在读文章时把文字作为发音进行语言行为造成的。口吃者读文章时思维活动在考虑文字的读音或发音，思维活动引导语言意识必然转移在语言的发音上，大脑组织内语言活动形成思维语意必然会产生障碍。这就是读文章时非语言化思维习惯引导语言意识转移在语言发音上，给口吃者读文字语言造成困难的根本原因。读文章也算是一种语言行为，语言行为方式也不能违背语言性质和规律。从表面上看，读文章是把文字的语音符号读出来，是文字在主导着思维活动。其实我们能读出文字的语音，是思维活动对文字所含信息的理解。思维活动理解了文字的信息，大脑语言功能使文字信息形成了思维语意，发音系统才能读出文字的语音。

口吃者可以用思维语言行为方式，来改变读文字时的语言行为方式。我们在读文章时不要考虑读出文字的语音，在认识文字信息由布洛卡区形成思维语意基础上，先去进行意识形语言行为练习。意识形语言行为没有发音系统语言行为的参与，意识形语言行为就不受非语言化思维活动方式和口吃语言意识作用的影响。我们在语言思维基础上使文字信息与语言样本，在大脑组织内产生联系形成了思维语意，再去感悟和认识意识形语言行为的感觉和体会。

通过这样循序渐进的语言练习方法，使意识形语言行为与发音系统语言行为的感觉和体会，逐渐在实践中相互融合。随着大脑组织内加深和积累了思维语言行为方式的感觉和体会，发音系统在语言中枢控制指挥下就能自然地参照样本的印象和概念进行语言行为了。

无论是读文字的语言行为，还是日常生活中表达思维信息的语言行为，语言性质和规律都是相同的。口吃者通过读文字的意识形语言行为与发音系统语言行为的综合练习，不但能提高大脑组织内语言功能活动形成思维语意的协调性，还能逐渐形成自然的语言意识。口吃者大脑组织和语言系统均已发育成熟，而欠缺的就是由意识形语言意识向自然语言意识转化的自然过程。口吃者语言练习不是在练习发音系统的语言行为，而是通过语言练习逐渐改善和改变所有影响语言功能不按内规律进行语言行为的内在因素。口吃者用意识形语言行为和有声语言行为相结合的语言练习，不断提高大脑组织内语言活动自然形成思维语意的协调性，是掌握运用思维语言行为方式进行语言行为的有效方法。

我们不能代替口吃者消除口吃语言习惯的实践和过程，但可以告诉口吃者如何去做和为什么要这样做的道理。口吃者在正确理论指导下只要方法得当，掌握和运用思维语言行为方式进行语言行为并不是困难重重和遥不可及的。

6. 提高语言中枢掌控发音系统执行语言行为的能力

绕口令是语言练习最常用的方法。说好绕口令就是把每一个文字的语音，说得顺畅自然又快又好。绕口令从刚开始说不好到说得好，就是在根据说好绕口令的要求，不断提高大脑语言功能活动形成思维语意的协调性，提高语言中枢掌控发音系统执行语言行为能力的过程。说绕口令的语速，比平时语言习惯的语速要快。无口吃者虽然没有口吃语言习惯，刚开始语速加快也说不好绕口令。这是因为绕口令语速超出了平时语言习惯的速度，打破了大脑语言功能活动形成思维语意与语言中枢掌控发音系统执行语言行为能力的平衡。无口吃者在说绕口令时思维活动对绕口令的理解，只会引导语言意识使布洛卡区语言功能活动形成思维语意，而不会考虑发音系统去如何发音进行绕口令的。从表面上看好象是通过语言练习提高了发音系统的语言行为能力，使原来说不好的绕口令说好了，其实不然。他们刚开始说不好绕口令，是大脑语言功能活动使绕口令信息形成思维语意还不娴熟，语言中枢掌控发音系统执行语言行为的能力达不到说好绕口令的要求。经过反复练习把绕口令说得顺畅自然又好又快，是通过语言练习提高了大脑组织内语言活动的协调性，提高了布洛卡区形成思维语意的娴熟，语言中枢掌控发音系统执行语言行为的能力自然有了提高。这一现象说明两个观点：①语言练习是可以改善大脑组织内语言活动的协调性，提高布洛卡区形成思维语意的熟练程度。②布洛卡区形成思维语意的娴熟有了提高，语言中枢掌控发音系统执行语言行为的能力自然会提高。

口吃者语言行为时大脑语言功能形成思维语意的协调性较差，语言中枢掌控发音系统执行语言行为的能力相对较弱，发音系统自身的语言行为能力也相对较差。所以口吃者刚开始语言练习时语速就不易过快，但刻意地放慢语速也是不可取的。语言行为时刻意地放慢语速，容易造成思维活动引导语言意识转移在语言的发音上，使大脑语言功能活动形成思维语意产生障碍。语速快慢不是口吃者语言练习过程中要刻意追求的目标，语速快慢应顺其自然与平时呼吸相和谐为好。口吃者在语言练习过程中改善了大脑语言功能活动形成思维语意的协调性，用顺其自然地提高语速来加深对语言行为的感觉和体会，才能达到提高语言中枢掌控发音系统执行语言行为能力的目的。人在一般情况下不会刻意地去考虑应该如何去进行呼气和吸气，只有参加了特殊运动才会改变平时的呼吸频率。而这种呼吸频率的改变是生命意识根据有意识行为活动需要，会自然而然作用相关功能进行和完成的。发音系统语言行为尽管是语言中枢控制指挥的结果，而发音系统一系列行为和活动就像人的呼吸、心跳一样，是用不着语言行为时去刻意想象和关注的。口吃者在语言练习过程中要追求和强调的是：加深积累用思维语意进行语言行为的感觉和体会，在不断改善大脑语言功能活动形成思维语意协调性的基础上，在自然提高语速过程中提高语言中枢掌控发音系统执行语言行为的能力。这才是口吃者通过语言练习和训练，提高语言中枢掌控发音系统执行语言行为能力的方法。

我们在日常生活中语言行为出现了错误语言行为方式，需要发音系统做出语言行为的调整是自我意识感觉到了错误，由语言中枢掌控发音系统做出调整语言行为的结果。大脑组织内没有自然进行语言行为的参照样本，自我意识就感觉不到错误语言行为的存在。语言意识与语言功能活动没有良好的协调性，语言中枢掌控发音系统也不可能做出纠正错误语言行为的调整。无口吃者语言行为时意识到了口吃表现，发音系统语言行为会马上恢复正常，是语言中枢参照语言样本对发音系统做出的调整。这就是无口吃者大脑组织内语言活动协调性好，语言中枢掌控发音系统执行语言行为能力强的表现。所以口吃者语言练习不能只是单纯地进行发音系统的发音练习，语言练习时更不能考虑或在意发音系统的行为表现。口吃者在刚开始进行提高语言中枢掌控发音系统语言练习时，也会出现语言停顿或不连贯的口吃现象，这很正常也无关紧要。口吃者不要在意这些现象的发生和存在，更不要追求和强调发音系统语言行为是如何进行的，而是要通过感觉和体会逐渐地去适应。我们通过语言练习提高了语言中枢掌控发音系统执行语言行为的能力，这些现象就会逐渐自然地减少和消失。这些现象的发生和存在是暂时的，也是在这个渐进发展过程中的正常现象。口吃者改善大脑组织内语言活动形成思维语意的协调性，提高语言中枢掌控发音系统执行语言行为的能力，就是在这个过程中逐步形成和发展的。

语速快慢与语言习惯有关，语速快慢应该与平时呼吸相和谐为好。口吃者语言练习改变语速，是改变口吃语言行为方式的矫枉过正，也是强化语言中枢掌控发音系统执行语言行为能力的训练。口吃者语言练习和训练不可操之过急，要水到渠成顺其自然地进行。口吃者只有在语言练习和训练过程中，改善了大脑组织内语言活动形成思维语意的协调性，提高了语言中枢掌控发音系统执行语言行为的能力，才能更好地进行自然语速下的语言行为。

7. 培养和形成自然的语言习惯

无口吃者语言行为有自然的语言习惯，就不会在意语言行为中的口吃表现，更不会对语言行为产生恐惧感。因此培养和形成自然的语言习惯，是彻底消除口吃者语言行为恐惧感的根本，也是衡量口吃者消除口吃语言习惯的标准。培养和形成自然的语言习惯，就是要在瞬间使发音系统用思维语意自然顺畅地进行语言行为。语言习惯是语言行为方式在自然进行语言行为过程中逐渐发展形成的。培养和形成自然的语言习惯，就是用科学方法强化思维语言行为方式的语言练习，使语言行为走上自然形成语言习惯的发展道路。

一个人说话字正腔圆除了有发音系统的先天条件，主要与大脑组织内字正腔圆的语言样本，并通过语言练习与感觉和体会相融合是分不开的。我们知道语言复读机能帮助提高语言行为的阅读能力，这是因为复读机反复地把字正腔圆的语言，在大脑组织内加深印象形成了概念的语言样本。复读时反复的语言练习过程中，语言样本与感觉和体会也形成了语言行为的样本，自我意识就逐渐形成了自然的语言意识。语言行为时语言意识引导大脑语言功能活动，发音系统就能参照语言行为的样本自然地进行语言行为了。大脑组织不但有产生记忆和储存记忆的功能，还有运用记忆和发挥记忆的能力。如我们打电话时对方报了电话号码叫你确认一下，你就会根据刚才的记忆马上复读一遍。这就是大脑记忆形成的语言样本，对语言行为复读的引导作用。感悟和认识语言、感觉和体会语言行为、印象和概念形成样本与记忆和存储的重复，是大脑组织内语言活动由语言向语言行为的自然转化过程，也是语言样本在实践中形成语言行为样本的过程。我们在语言思维形成的语言样本基础上，在语言行为实践中加深积累了语言行为样本的印象和概念，大脑组织内语言样本与语言行为样本就能逐渐地形成融合。语言行为时思维活动引导语言意识，语言功能就会习惯于参照语言行为的样本进行语言行为了。当我们语言行为形成了自然的语言习惯，自我意识就不会在意语言行为中的口吃表现，语言意识作用语言功能还会按语言习惯进行语言行为。这时我们恐惧和回避语言行为的心理活动会自然而然地消失，这样我们才称得上是真正告别了口吃患者的行列。

语言行为是语言功能的技能性行为，培养和形成自然的语言习惯，只有靠口吃者掌握运用正确的方法在语言行为实践中去实现。口吃者语言练习和训练的出发点和最终目的，是由形成思维语言行为方式发展形成自然的语言习惯。

第六章　儿童口吃

儿童时期是生理发育的快速时期，也是一生中学习语言掌握运用语言行为的关键时期。儿童口吃，是儿童在学习语言过程中正常生理和心理反应的自然现象。防止儿童口吃形成口吃语言行为方式是口吃研究的首要任务，也是从根本上减少人类口吃患者绝对数最有效的方法。

1. 儿童的口吃现象

儿童大脑组织的发育一般在 3 岁左右趋于成熟，而语言系统发育成熟和语言习惯形成要延续到 4～7 岁。语言行为离不开大脑组织内语言功能的活动，而大脑语言功能按内在规律进行活动更是至关重要。语言学习和掌握运用语言行为，是伴随儿童的生理发育循序进行共同发展的。儿童在学习语言过程中不可避免地会出现口吃现象，儿童发生口吃现象一般情况下主要有以下三个原因。

1） 大脑组织与语言系统生理发育存在偏差，语言天赋自然地发挥还受到本能的局限。大脑组织内语言活动的协调性比较差，语言中枢还不能控制指挥发音系统自然地进行语言行为，发音系统自身的语言行为能力也相对较弱。

2）语言学习对每个儿童来说都是史无前例的全新科目，儿童都要经历由无知到感知、由感知到认知、由感性认识到理性认识、由简单到复杂的渐学续进过程。儿童在感悟和认识语言与感觉和体会语言行为过程中，大脑组织内语言活动形成思维语意协调性的磨合还未形成自然。

3）儿童心灵比较脆弱，心理承受能力差。儿童在学习语言过程中发生口吃现象，容易产生不知所措的恐惧心理。儿童大脑逻辑思维活动能力相对较弱，经历和阅历有限，大脑组织内记忆储存的语言样本还不够丰富和扎实。语言行为时大脑语言功能活动形成思维语意，容易出现偏差或障碍，直接影响了语言中枢控制指挥发音系统自然地进行语言行为。儿童在学习语言过程中出现口吃现象是正常的自然现象，也是儿童生理和心理特征决定的。

儿童时期发音系统生理发育远远滞后于大脑组织的发育成熟，语言行为就难免会发生错误的语言行为方式。儿童语言行为时大脑组织内语言活动形成思维语意的协调性，语言中枢掌控发音系统执行语言行为能力，以及发音系统自身的语言行为能力都比较差。这些原因是儿童在学习语言过程中发生口吃现象的内在因素，也是正常生理状况在语言行为中的自然表现。随着儿童大脑组织和语言系统发育的日趋成熟，一般情况下儿童生理因素造成的口吃现象会逐渐地减少和消失。儿童生理因素造成的口吃表现，称为儿童生理性口吃现象。儿童生理性口吃现象是在学习语言过程中无法避免的自然现象，也是我们对儿童口吃现象特征的基本认识。

儿童认识能力相对较弱，经历还不够丰富，大脑组织内记忆储存的语言样本较为有限，还未形成较深刻的印象和概念。儿童语言行为时大脑语言功能活动形成思维语意难免会出现偏差和障碍，就会造成语言行为迟缓和不顺畅的口吃现象。儿童心理承受能力差，发生口吃时会产生恐惧感而影响了大脑思维的正常活动，也会造成发音系统不能自然地进行语言行为。语言行为是语言功能的技能性行为，不通过实践是不可能掌握运用的。儿童在掌握运用语言行为过程中出现差错是正常的自然现象，要求儿童在掌握运用语言行为过程中不出现偏差和错误是不切实际的。

儿童语言行为还未形成语言习惯，从科学观点来说口吃儿童还不是真正意义上的口吃患者。儿童处在语言行为发展形成语言习惯的关键阶段，防止儿童口吃发展形成口吃语言行为方式，首先我们对儿童的口吃现象要有正确认识。儿童生理性口吃现象和在学习语言过程中发生的口吃现象，虽然没有发展形成口吃语言行为方式的必然性，而口吃现象会使儿童大脑组织感觉和体会语言行为产生偏差。这些因素有可能使儿童思维活动自我意识形成口吃语言意识，使儿童改变原本自然的语言行为方式而形成口吃语言行为方式。正确认识儿童在学习语言过程中的口吃现象，正确认识儿童发生口吃现象的内在因素和原因，是我们对儿童口吃现象的最基本认识。

2. 儿童口吃的特点

语言学习从婴儿开始一直要延续到儿童学龄前阶段，语言学习是伴随儿童生理发育循序渐进、相互作用共同发展的。儿童处在生理发育成长的快速时期，也是一生中学习语言掌握运用语言行为的关键时期。由于儿童在学习语言过程中所处的特殊阶段，在语言行为实践中必然会发生口吃表现。认识儿童口吃的特点是对儿童口吃的最基本认识，也是我们认识帮助儿童摆脱口吃困扰科学方法的基础。

(1) 儿童口吃的生理特点

儿童大脑组织内语言活动按内在规律进行活动的协调性较差，语言中枢控制指挥发音系统执行语言行为的能力较弱，发音系统自身的语言行为能力也较差，这就是儿童口吃的生理特点。

儿童发生生理性口吃现象，是在语言学习过程中无法避免的自然现象。儿童在出现生理性口吃现象时，家长和成人千万不要指责儿童的口吃语言行为。儿童语言行为时思维活动引导语言意识转移在语言的发音上，是自我意识关注和在意口吃而引发的。我们指责儿童的口吃语言行为，只会强化语言行为时形成非语言化思维活动方式，促使自我意识形成口吃语言意识。儿童生理性口吃现象虽然有个过程，但不会持续较长的时间，只要我们在这一时段尽量避免和淡化，由于儿童生理性口吃表现形成语言行为时非语言化思维活动方式，绝大多数儿童在语言系统发育逐渐成熟后，生理性口吃现象会逐渐地减少而消失。如果我们不能正确认识儿童的生理性口吃表现，而错误地对待儿童，反而会强化儿童形成非语言化思维活动方式引导自我意识形成口吃语言意识。我们知道，说母语形成了口吃语言习惯时，换说任何语言，语言行为方式都不会发生改变。儿童在口吃语言意识作用下形成的口吃语言行为方式，不但不会随着语言系统生理发育的成熟而消失，反而会随着语言行为时非语言化思维活动方式形成思维习惯，口吃语言意识在思维习惯引导下逐渐地根深蒂固，口吃语言行为方式就会发展形成口吃语言习惯。

绝大多数口吃者语言行为形成口吃语言习惯，都是在这一时段由于各种内在和外部原因，由非语言化思维活动方式引导形成口吃语言意识逐渐发展形成的。我们在儿童发生生理性口吃现象的阶段，任何强化儿童自我意识形成口吃语言意识的举措都是不可取的。任何引导儿童按原本自然语言行为方式进行语言行为的方法，都是有利于儿童语言行为健康发展的好方法。我们要不失时机地根据儿童的生理特点，用科学方法帮助儿童度过在学习语言过程中发生生理性口吃的危险期。

(2) 儿童口吃的心理特点

"可怜天下父母心"，每一个家长都不希望孩子长大后有口吃语言习惯。孩子有了口吃，家长都感到非常的焦虑和烦恼。其实儿童有了口吃他们内心的痛苦和烦恼，要远远超出我们的想象，这对儿童稚嫩而脆弱的心灵来说是难以承受的。有这样的报道说，一个口吃儿童每天晚上睡觉时祈祷："上帝啊！ 请砍掉我的一条手臂，让我说话不要口吃吧……"口吃虽谈不上是疾病和残疾，而对口吃者尤其是口吃儿童心灵和精神上带来的痛苦和阴影，并不亚于疾病和残疾。他们在遇到口吃困扰时容易产生语言行为的恐惧感，这就是儿童口吃的心理特点。

儿童对语言行为产生了恐惧感，语言行为时思维活动引导语言意识就会本能地转移在语言的发音上。儿童语言行为时改变了自然的思维活动方式，是引导自我意识形成口吃语言意识的起点。儿童语言功能在口吃语言意识作用下发生了变化，语言行为方式必然进入口吃语言规律的发展轨道。儿童意识到语言行为中无法摆脱口吃，心理活动必然会发生变化。儿童认识到了口吃的危害性，自我意识想纠正和克服口吃的愿望就更加强烈。儿童语言行为时想把话说好的自我意识越强烈，大脑语言功能活动形成思维语意就越产生障碍，口吃就越要顽强地表现出来。儿童几经努力不但没有丝毫改变口吃的现状，语言行为中口吃表现越来越加重。口吃使儿童对语言行为感到非常茫然和不知所措，无奈之下只能任其按口吃语言行为方式进行语言行为。每当儿童要进行语言行为时，恐惧感又加剧了口吃语言意识。儿童在口吃泥潭里不能自拔，感到非常无奈和无助，又加剧了语言行为的恐惧感，久而久之自然对语言行为就失去了自信心。

儿童心灵比较脆弱，心理承受能力又比较差，口吃极大地挫伤了儿童语言行为的自信心。为了避免语言行为发生口吃，儿童就采取回避语言行为的消极态度。语言障碍使儿童与社会缺乏正常的交流与沟通，儿童的性格就会发生变化。儿童形成少言寡语的自我意识，性格就变得孤僻，这也是儿童丧失语言行为自信心和恐惧语言行为的表现。儿童产生语言行为恐惧感，是口吃对儿童心理层面产生的负面影响，究其根源还是语言行为中的口吃造成的。儿童回避语言行为既不能从根本上摆脱口吃，又因长期缺乏正常实践导致语言行为能力的下降，这对儿童语言天赋本能的发挥和发展是极其不利的。儿童有了口吃，家长首先要对儿童多一份关爱，在平时言语和行为中尽量淡化和削弱口吃对儿童可能产生的心理负担。我们每一个家长对口吃给儿童带来的心理负担要有充分认识，对口吃儿童要有大海一样的包容。关注和认识儿童口吃的心理特点，恢复和增强儿童语言行为自信心，是家长义不容辞的责任和全社会的公德。

儿童在出现口吃表现时，我们要在儿童不在意的情况下，巧妙地分散儿童对口吃语言行为的注意力，使儿童尽快地从口吃语言行为中摆脱出来。我们在儿童发生口吃表现时，尽量淡化儿童大脑组织感悟和认识产生的印象和记忆，是淡化和消除形成非语言化思维活动方式的最好方法，也是避免自我意识形成口吃语言意识的根本。当发现儿童语言行为较好时要引导儿童，并对儿童语言行为加以赞扬和鼓励。这样会使儿童感到自己语言行为中的口吃好多了，就能逐渐增强儿童自然进行语言行为的自信心。这就是我们帮助儿童消除口吃困扰“一淡一扬”的方法。

认识儿童口吃的特点，是帮助儿童摆脱口吃困扰的基本认识，也是理解改变和消除儿童口吃科学方法的基础。儿童处在学习语言掌握运用语言行为的特殊时期，“一淡一扬”的方法是我们根据儿童口吃的特点，帮助儿童发挥语言天赋使语言功能自然进行语言行为的科学方法。我们一定要有信心和耐心根据儿童口吃的特点，给儿童营造一个良好的语言环境氛围。我们在认识语言行为与口吃理论基础上，根据儿童口吃的特点用科学方法坚持不懈地帮助和引导儿童，儿童语言行为就会走上自然规律的发展轨道。

3. 给儿童营造良好的生活环境和语言环境

语言天赋是学习语言的决定性内在因素，生活环境和语言环境是语言学习的重要外部条件。温馨和谐的生活环境不但有利于儿童身心健康地成长，也是儿童学习语言自然发挥语言天赋的基础。好奇、好学是儿童的天性，疑惑和胆怯是儿童的心理特点。生活环境对儿童大脑思维发展和性格形成有很大的影响，生活环境不好就有可能造成儿童思维活动呆滞和形成孤僻性格。大脑思维活动呆滞直接影响了产生语言的基础，少言寡语使语言功能缺乏正常语言行为的实践。长此以往，儿童大脑组织内语言活动形成思维语意的协调性会产生障碍，语言行为能力就不能与生理发育同步健康地发展，这对儿童发挥语言天赋自然地进行语言行为是非常不利的。

儿童在语言行为出现了口吃时，我们决不能采取粗暴和恐吓的方法对待儿童，这样不但对儿童改变口吃没有任何帮助，反而会适得其反。

个别父母是口吃者，孩子长大后也形成了口吃语言习惯，因此有人推断口吃与遗传有关。其实不然，这主要与儿童在学习语言期间所处的语言环境有关。我们否定口吃遗传说，并不是否定人类在进化和语言发展过程中的遗传作用，遗传因素与语言环境相比是可以忽略不记的。父母是儿童最亲近的人，父母的口吃语言行为无时无刻不在熏陶和感染着儿童，并伴随着儿童学习语言的过程。儿童大脑组织感悟和认识语言与感觉和体会语言行为出现偏差的概率要大得多，自我意识形成口吃语言意识的可能性也就相对较大。这就是家庭中父母是口吃者，孩子更容易患口吃的主要原因。父母是口吃者在儿童学习语言阶段，我们要加倍关注儿童语言行为的成长和发展。有口吃者家庭的儿童，在学习语言过程中得不到更多关爱和正确引导，儿童患口吃概率就要大大高于其他家庭的儿童，这也证实了语言环境对语言学习的重要性。

儿童语言适应能力强又处在学习语言的关键阶段，为儿童营造良好的生活环境和语言环境，有利于儿童语言学习和语言行为的健康发展。我们要充分利用儿童这一年龄段的有利时机，有计划地用儿童喜爱、简明、易懂、朗朗上口的儿歌或读物，经常性地对儿童进行语言练习和训练，让儿童在理解儿歌基础上进行语言行为，有利于语言行为时形成语言化思维活动方式。平时多教儿童一些简明、易懂、朗朗上口的儿歌，让儿童朗读一些简单、押韵的诗词，有助于改善语言行为时大脑语言功能形成思维语意的协调性。朗朗上口的儿歌可以避免儿童语言行为能力较差的欠缺，使儿童能轻松大胆地进行语言行为而增强自然进行语言行为的自信心。押韵的儿歌和诗词能培养儿童语言行为的节奏感，有利于提高语言中枢掌控发音系统执行语言行为的能力。

学龄前儿童处在学习语言掌握运用语言行为的关键时期，给儿童营造良好的生活环境和语言环境，是防止儿童形成口吃语言行为方式的重要外部条件。引导儿童进行适合儿童的语言练习和训练，有利于儿童自然地发挥和发展语言天赋的本能，是儿童语言行为与语言系统生理发育同步健康发展的基础。

4. 防止儿童自我意识形成口吃语言意识

意识是行为的本质，防止儿童自我意识形成口吃语言意识，是防止形成口吃语言行为方式的根本。具体方法主要根据儿童口吃的特点，应注意以下三个方面。

(1) 淡化儿童自我意识对口吃表现的关注和在意，防止形成语言行为时非语言化思维活动方式

儿童在学习语言刚发生口吃时，自我意识不大会关注和在意口吃表现。大脑思维只会认为一件该做好的事没做好，再做一下就可以了。儿童的语言意识作用语言功能，还会按原本自然的语言行为方式进行语言行为。如果儿童做一次没做好，再做一次还没做好，自我意

识就会对原本自然的语言行为方式产生疑惑。儿童自我意识会本能地认为，按原本语言行为方式进行语言行为会发生口吃，要避免口吃就不能按原本的语言行为方式进行语言行为。儿童对口吃语言行为的感觉和体会产生了错误认识自己是浑然不知的，只有自我意识在意和关注口吃，语言行为时才会形成非语言化思维活动方式。淡化口吃对儿童产生记忆和印象形成改变自然的思维活动方式，就是防止儿童语言行为时形成非语言化思维活动方式。我们在儿童发生口吃时巧妙地引导儿童，使儿童感觉到口吃的存在而又不在意口吃，才能淡化口吃表现对儿童大脑组织产生记忆和印象，帮助儿童度过在学习语言过程中而发生口吃表现的危险阶段。

(2) 正确对待儿童的口吃表现,削弱儿童语言行为恐惧感和增强语言行为自信心

儿童心灵比较脆弱，他们陷入了口吃泥潭而不能自拔，心理活动必然会对语言行为产生恐惧感。儿童发生口吃时千万不要指责和惩罚儿童，这样不但制止和纠正不了儿童的口吃，而且反而会加剧儿童对语言行为的恐惧感，恐惧感又会强化自我意识形成口吃语言意识。口吃的加剧大大挫伤了儿童语言行为的自信心，语言行为在口吃语言规律束缚下只能在口吃的泥潭里越陷越深。我们说儿童语言适应能力强，是指儿童时期是人生学习语言、掌握运用语言行为的最佳年龄段。我们不失时机地帮助和引导儿童进行语言行为，尽可能减少口吃对儿童心理层面产生的负面影响。儿童增强了语言行为的自信心，语言适应能力强的特点才能显现出来。儿童能自然地发挥语言天赋进行语言行为，语言行为就能按语言形成的规律走上健康发展的道路。

(3) 制止儿童模仿他人的口吃现象,引导儿童自然地进行语言行为

有些口吃者的口吃语言习惯，是在儿童学习语言过程中出于好奇和好玩，模仿他人口吃无意中发展形成的。儿童模仿他人的口吃语言行为，无意中自己语言行为中的口吃表现就会增加。当儿童意识到口吃不好，又无法使语言行为回归原本自然的语言行为方式，自我意识就会本能地形成口吃语言意识。发展下去，就有可能在口吃语言意识作用下逐渐发展形成口吃语言习惯。

儿童年幼不懂事，家长和成人发现儿童模仿他人口吃时应及时制止，杜绝儿童模仿他人口吃语言行为的发生。加强儿童对模仿口吃危害性的认识，防止儿童由于模仿他人口吃现象而形成口吃语言习惯。

我们要充分利用儿童好奇、好学、好模仿的这一特点，在儿童掌握运用语言行为阶段根据具体情况，有计划地让儿童进行适合儿童口语朗读的语言练习。激发和发挥儿童的语言天赋，使儿童语言行为得到适度的练习和锻炼，为儿童语言行为与生理发育一起健康地发展创造条件。引导儿童发挥语言天赋自然地进行语言行为，是儿童自我意识形成自然语言意识的根本，也是防止儿童形成口吃语言行为方式的最好方法。

5. 正确对待口吃儿童

儿童患了口吃，家长都感到非常焦虑和烦恼，而我们更要体谅口吃儿童内心的痛苦和烦恼，要设身处地为口吃儿童想一想，儿童语言天赋本来还不具备自然进行语言行为的能力，大脑组织内语言活动按

内在规律活动的协调性还未形成自然。

有人说儿童发生口吃时，打儿童耳光能让儿童改掉口吃。有人还信誓旦旦地说，他孩子的口吃，就是在说话发生口吃时被他打耳光打掉的。某电视台一档栏目曾做过一次关于口吃的节目。其中一位现场观众说：以前他说话也口吃，一次他跟别人吵架急得话也说不出来时，父亲跑来打了他一个耳光他说话就不口吃了，从此语言行为中的口吃就慢慢地消失了。我们不讨论他所说的真实性，但这种说法有它的偶然性，而绝对没有普遍性和必然性。我们按语言行为的思维语言行为方式分析，就可以明白其中的缘由了。

一个会与别人发生争执的人，一般在较大儿童或儿童年龄段以上。该年龄段大脑组织语言思维活动能力已没有障碍，大脑组织内思维与语意内在联系已形成了语言样本的印象和概念。此人语言行为有口吃，说明语言行为时非语言化思维活动引导语言意识，有转移在语言发音上的倾向和习惯。一个人在与别人吵架时情绪肯定比较激动，这时全身血液循环加快大脑思维活动一定处于高度激奋的状态，口吃一般在这种情况下特别容易发生。这时大脑语言功能在超常态的活动，而非语言化思维活动引导语言意识转移在语言发音上也超常态地强化。此时布洛卡区使思维信息形成思维语意的能力较强，思维活动引导语言意识转移在语言发音上的自我意识也很强。此人有口吃语言习惯，此时语言功能活动状态正处于口吃语言行为方式的平衡之中。语言行为在表达思维信息的过程中，思维活动、语言意识、大脑语言功能活动与发音系统的发音行为，是一个动态平衡的行为协调过程。此刻一巴掌打下去，有可能使转移在语言发音上的思维活动方式产生了变化，使口吃语言意识得到了意外地削弱或发生变化，打破了原来语言功能口吃语言行为方式状态的平衡。语言行为时转移在语言发音上的自我意识意外地发生了变化，而布洛卡区形成思维语意还在超常态的活动。这样语言中枢控制指挥发音系统用思维语意正好形成了思维语言行为方式进行语言行为了。

这种特殊环境和因素造成的特殊变化偶然性极强，我们把这种偶然意外发生的个例，作为解决所有相同事例的方法是不科学的。用这种或类似这种粗暴极端的方法，作为消除儿童口吃的范例更是错误和荒谬的。

儿童语言行为中出现了口吃表现，家长和成人表面上要以不在意和若无其事的态度对待。并马上想办法有意识地把儿童话题岔开，转移儿童对口吃语言行为的注意力，使儿童自我意识从口吃语言行为中解脱出来。紧接着转移到儿童喜欢或轻松愉快的话题，使口吃表现对儿童心理可能产生的负面影响降到最低限度。如：宝宝帮妈妈把什么拿来，或宝宝我们上次到那里去玩，玩得开心不开心啊等。反正采取任何淡化儿童自我意识对口吃产生记忆和印象的方法，都是使儿童逐渐摆脱口吃困扰的好方法。儿童理解能力差，我们帮助口吃儿童只能用引导的方法，在语言行为实践中循序渐进地进行。口吃儿童恐惧语言行为主要源于语言行为中的口吃，儿童自我意识越不在意和淡漠口吃，他们语言适应能力强的特点才能充分地发挥出来。

6. 恢复和增强口吃儿童语言行为的自信心

口吃儿童的语言练习应该以循循善诱为主，采用“一淡一扬”的方法对儿童进行语言练习。儿童在语言练习中发生了口吃，我们要表现出不在意或分散儿童的注意力，千万不要指责和惩罚儿童。儿童恐惧语言行为是缺乏语言行为自信心的表现，我们淡化了口吃对儿童心理产生的负面影响，才会增强儿童按原本自然语言行为方式进行语言行为的自信心。口吃儿童语言行为时口吃表现有所改善，我们大张旗鼓地进行表扬和鼓励，会加深儿童对语言行为较好时的感觉和体会。随着儿童加深积累了自然进行语言行为的感觉和体会，大脑组织内语言行为样本形成的印象和概念，就能引导自然地进行语言行为了。儿童语言行为自信心增强得以升华，就越发不在意语言行为中的口吃表现。儿童心理比较脆弱，一旦口吃儿童对语言行为的心理活动发生了变化，语言适应能力强的内在潜力就会迸发出来。往往我们增强儿童语言行为自信心的举措，能使我们帮助儿童摆脱口吃困扰的效果，能起到事半功倍的成效。

恢复和增强口吃儿童语言行为自信心要有针对性，主要是对儿童语言行为较好时的表扬和引导。口吃儿童语言行为表现较好时，也是语言功能自然进行语言行为的时候。儿童在实践中不断加深积累了自然进行语言行为的感觉和体会，大脑组织内语言活动的协调性就能由量变向质变转化。儿童大脑组织内自然进行语言行为的感觉和体会形成了印象和概念，语言行为时自我意识就不会在意口吃，就能引导语言行为方式逐渐回归到自然规律上。儿童自我意识会认为语言行为中口吃好多了，消除口吃并不难，是完全可以做到的。我们帮助口吃儿童“一淡一扬”方法的“淡”，就是淡化儿童口吃语言意识，制止儿童口吃语言行为方式向口吃语言习惯发展的趋势；所谓的“扬”，就是鼓励和引导儿童在语言行为实践中，加深积累自然进行语言行为的感觉和体会形成印象和概念。我们对口吃儿童语言练习一淡与一扬的目的，都是引导儿童语言行为按语言形成的规律逐步回归自然的规律上。随着儿童语言行为自信心不断地增强，精神面貌会发生根本性变化，就会在思维活动主导下轻松自然地进行语言行为。恢复和增强口吃儿童语言行为自信心的目的，就是帮助儿童排除干扰发挥语言天赋的负面影响，使口吃儿童语言行为走上逐渐回归自然规律的发展道路。

7. 引导口吃儿童形成自然的语言行为方式

引导口吃儿童形成自然的语言行为方式，就是用科学方法引导儿童自然地进行语言行为。我们要根据儿童口吃的特点，有目的分步骤地引导口吃儿童进行自然语言行为的练习和训练。通过语言练习不断改善儿童大脑组织内语言活动按内在规律进行活动的协调性，加深大脑组织内自然进行语言行为的感觉和体会，使思维活动逐渐形成自然的语言意识。引导口吃儿童形成自然的语言行为方式，可从以下几个方面对口吃儿童分步进行语言练习。

(1) 加深大脑组织对语言的感悟和认识，在语言思维基础上使思维与语意的内在联系形成印象和概念，使说话时形成自然的语言化思维活动方式

平时让儿童多听一些儿童喜欢的音乐和歌曲，经常给儿童讲故事，培养儿童听广播听故事的习惯，提高自我意识对语音的感悟。不断加深儿童大脑组织内思维活动与语意的内在联系，形成语言样本较深刻的印象和概念，逐渐使其在说话时形成语言化思维活动方式。在

生活中让儿童反复地感悟语言，儿童大脑组织内思维信息与思维语意的内在联系就能逐渐地娴熟，这样有助于思维活动方式由语言向语言行为的自然转化，形成语言行为时语言化思维活动方式。我们在给儿童讲故事当儿童听得入神时，可以提出一些儿童完全有能力回答的简单问题让儿童来回答。如，你说是不是啊，你说对不对啊等。以对话提问的形式让儿童来回答，容易激发儿童语言行为的主动性和积极性。儿童听故事入神时思维活动和情绪是放松的，这时大脑思维集中在故事的情节里，就会在思维活动主导下进行语言行为，有利于引导形成语言化思维活动方式。用这种形式逐渐改善儿童大脑组织内语言功能活动的协调性，对语言行为时形成语言化思维活动方式是大有帮助的。另外还可以用默读的方法，让儿童进行意识形语言行为练习。加深大脑组织内语言样本与思维语意的内在联系，也能促进思维活动方式由语言向语言行为的自然转化，引导语言行为时形成自然的思维活动方式。

(2) 引导口吃儿童的语言练习和训练，加深积累大脑组织内自然进行语言行为的感觉和体会，改善大脑组织内语言活动的协调性，逐渐形成自然的语言意识

儿童在语言行为实践中加深积累了自然进行语言行为的感觉和体会，就是思维活动逐渐形成自然语言意识的过程，也是实现大脑组织内语言活动由语言向语言行为的自然转化过程。我们可以选择一些简明、易懂、朗朗上口的儿歌或儿童读物，对儿童进行语言练习和训练。儿童理解能力较差，儿歌和儿童读物要简明易懂，便于儿童理解。朗朗上口有利于发音系统自然地进行朗读，有助于削弱儿童对语言行为的恐惧感。朗读前家长要把儿歌或读物的内容讲解给儿童听，

尽量使儿童能理解其意。儿童认识和理解了读物的内容进行朗读，有利于改善大脑组织内语言活动，使思维信息形成思维语意的协调性。口吃儿童语言行为能力相对较弱，家长要结合实际情况，使朗读尽量适合于儿童的语言行为能力。朗读时先由家长领读，再让儿童跟着读或带着儿童一起读，使儿童朗读时无语言行为的恐惧感。在朗读过程中先由成人为主导，再渐渐地过渡到由儿童单独朗读。朗读时可先由轻声逐渐地提高音量，加深儿童大脑组织对自然进行语言行为的感觉和体会。口吃儿童的语言行为练习要顺其自然，不能操之过急，更不能拔苗助长，贵在坚持。

(3) 改善口吃儿童语言行为时大脑语言功能活动形成思维语意的协调性，提高语言中枢掌控发音系统执行语言行为的能力，提高发音系统自身的语言行为能力

语言行为时大脑组织内语言功能活动，是语言系统内语言功能活动的核心。改善儿童语言行为时大脑语言功能活动形成思维语意的协调性，是提高语言中枢掌控发音系统执行语言行为能力的根本。儿童语言练习的内容要简单、押韵、朗朗上口。内容简单易于儿童的理解，有助于布洛卡区活动形成思维语意。儿童大脑组织内语言思维形成的语言样本还不够丰富，语言练习就要由易到难、由长到短、由简单到复杂地逐步进行。最好选择一些带有肢体动作配合的趣味性儿歌，语言练习时家长与儿童一起互动有节奏地共咏共欢，这样更有利于提高改善大脑语言功能活动协调性的效果。儿童在朗读时完全沉浸在轻松欢快的气氛中，能提高语言中枢掌控发音系统执行语言行为能力的效果。儿童在精神放松的自然状况下，口吃语言意识对语言功能的作用相对较弱，语言行为就容易回归原本自然的方式上来。儿童语

言适应能力强，家长和成人一定要有信心和耐心。我们用科学方法引导儿童自然地进行语言行为，改善了大脑语言功能活动形成思维语意的协调性，提高了语言中枢掌控发音系统执行语言行为的能力，发音系统自身的语言行为能力也能自然而然地得到提高。

以上三个方面主要是针对儿童口吃的特点，对口吃儿童进行语言练习和训练的要点和方法。家长可根据口吃儿童的实际情况，对儿童存在问题的方面进行有针对性的语言练习。口吃儿童语言练习不是单纯的发音和语音练习，更不是让儿童在创造和模仿什么语言行为方式。我们只是在帮助口吃儿童消除一切影响发挥语言天赋的因素，引导儿童语言行为回归原本自然的语言行为方式，使口吃儿童走上自然进行语言行为的发展轨道。

第七章　成人口吃

成人口吃者大脑组织和语言系统发育均已完成，思维习惯和口吃语言意识已根深蒂固，语言行为已形成了口吃语言习惯，是名副其实的口吃患者。本章主要根据成人口吃的特点，阐述成人在消除口吃过程中掌握语言练习的方法。口吃在每个口吃者语言行为中的表现是有差异的，口吃者认识自己口吃的现状是进行语言练习的基础。口吃语言习惯不是一朝一夕形成的，我们改变和消除口吃的过程也是渐进发展的。口吃者通过学习语言行为与口吃的理论，再联系自己对口吃语言习惯的感受和体会，我们对消除口吃的方法就有了更深刻的理解。口吃者认识了改变和消除口吃的要点，根据成人口吃的特点从实际出发、运用方法适当。我们就能逐渐地远离和告别口吃语言习惯，并向发挥语言天赋自然进行语言行为的方向发展。

1. 成人口吃的特点

成人口吃者在儿童学习语言期间，语言行为方式就误入了口吃语言规律的歧途，口吃就一直伴随着语言行为。口吃者语言行为时非语言化思维活动方式形成了思维习惯，口吃语言意识就逐渐地根深蒂固。口吃语言习惯特殊性的特点，使语言行为时大脑语言功能形成思维语意习惯性地产生障碍，发音系统就习惯性地按口吃语言行为方式说话。口吃语言习惯使口吃者无法顺畅地表达思维信息，说话时都有回避和恐惧语言行为的心理活动。这就是成人口吃的特点。

大脑组织感悟和认识语言形成思维活动方式，语言是表达思维信息的表现形式，思维习惯就是语言习惯最根本的习惯。成人大脑思维理解能力强，理性认识形成感性认识的实践意识就强。口吃者通过学习认识了语言行为与口吃的理论，再结合自身语言行为的感觉和体会，对口吃语言规律和口吃语言习惯的特点，不但有了感性认识，而且自我意识还能在对比中形成对语言规律理性认识的实践意识。我们在实践中用改变和消除口吃的要点和方法进行语言练习，就能发挥成人理解能力强的特点，以理性认识指导感性认识进行语言行为的实践。口吃者在语言练习中改变了语言行为时非语言化思维习惯，逐渐引导改变口吃语言意识，才是使语言行为走上健康发展的根本。

口吃者要消除口吃语言意识，必须从改变非语言化思维活动习惯入手。经历由语言化思维活动方式引导改变口吃语言意识，逐渐改善大脑语言功能形成思维语意协调性的过程。这种改变的通俗比喻就是：语言行为时把如何去说改变成如何用思维语意表达思维信息进行语言行为。口吃者认识了成人口吃的特点，在改变和消除口吃过程中发挥了成人的特点，才能用科学方法轻松自然地达到改变和消除口吃的目的。

2. 成人消除口吃语言习惯的关键

口吃者大脑组织对语言行为的感觉和体会，没有形成印象和概念的理性认识，语言行为就无法按理性认识进行感性认识的实践。我们听语言时只是感觉一晃而过的“只言片语”，语言思维凭着语音与语意产生联系去理解语意。语言行为时大脑语言功能使思维信息形成思维语意，只是凭着印象和概念的感觉和体会，也不可能去想象形成思维语意的每一个语音符号。大脑组织内形成了语言样本的印象和概念，发音系统在语言中枢控制指挥下，就能参照样本的感觉和体会进行语言行为了。

成人消除口吃，认识语言性质和语言行为基本形式是基础。在语言行为实践中加深积累思维语言行为方式进行语言行为的感觉和体会，使大脑组织内形成语言行为的参照样本是关键。我们让口吃者在语言练习过程中，感觉和体会思维语言行为方式形成印象和概念的参照样本，就是让口吃者打开感觉和体会无口吃者语言行为的大门。随着我们加深积累了思维语言行为方式进行语言行为的感觉和体会，自我意识就能形成自然的语言意识。我们在语言行为实践中使大脑语言功能形成思维语意不断地娴熟，语言功能回归语言自然规律进行语言行为就水到渠成地实现了。我们语言行为中的口吃不是被纠正或克服掉的，而是思维语言行为方式形成了语言习惯，口吃表现就会从语言行为中自然而然地消失。这就是我们在人类本能基础上根据成人口吃的特点，帮助口吃者形成思维语言行为方式，并逐渐消除口吃语言习惯的关键。

3. 树立消除口吃语言习惯的自信心

无口吃者语言行为时从来不会担心自己的语言行为会出现问题，

即使发生了口吃，心里还是怎么想还是怎么说，这就是他们对语言行为充满自信心的表现。口吃者由于口吃语言习惯对语言行为自信心丧失殆尽，回避和恐惧语言行为就成了自然的心理活动表现。口吃者无论是恐惧语言行为，还是丧失了语言行为的自信心，究其根源都是语言行为中的口吃引发和造成的。所以口吃者要树立语言行为的自信心，就要从根本上消除口吃表现。而消除口吃表现，必须要树立消除口吃语言习惯的自信心。口吃语言规律和口吃语言习惯的特点，决定了口吃者不能在口吃语言行为方式中克服和纠正口吃。口吃者用科学方法使语言行为形成思维语言行为方式，就成了消除口吃语言习惯的唯一正确途径。因此口吃者树立消除口吃语言习惯的自信心，不是树立纠正和克服语言行为中口吃的自信心，而是要树立在正确理论指导下用科学方法，掌握运用思维语言行为方式进行语言行为的自信心。我们让口吃者树立消除口吃语言习惯的自信心，不是对口吃者的心理安慰和说教，而是有理论依据和切实可行方法的。口吃者恐惧语言行为而丧失自信心，是心理层面对口吃表现产生的负面影响。口吃者恐惧语言行为使口吃加重，是恐惧心理负面影响产生的负面作用。口吃者通过学习认识了口吃原因和消除口吃的科学方法，没有任何理由怀疑自己语言天赋的能力，而丧失通过自己努力掌握运用思维语言行为方式的自信心。口吃者用科学方法消除了口吃表现，口吃对我们心理层面产生的负面影响和负面作用就会自然而然地消失。

口吃给口吃者心理和精神上带来的痛苦和折磨，只有口吃者深有感触。口吃者用科学方法使语言行为中的口吃表现有所改观，精神面貌和心理状态会发生根本性变化。我们自然进行语言行为的自信心得以升华，受遏制的语言天赋就能自然地发挥和发展。口吃者有健全完好的语言天赋和学习语言的外部条件，没有任何理由丧失消除口吃语言习惯的自信心。

4. 语言练习的目的

意识是行为的本质，行为是意识的表现形式。口吃者语言练习的目的就是用科学方法，通过感悟和认识与感觉和体会使自我意识形成自然的语言意识。语言练习从感悟语言性质和认识语言行为基本形式为基础，以改变语言行为时非语言化思维习惯为切入点、由语言化思维活动方式引导改变口吃语言意识为核心。通过语言练习逐步改善大脑语言功能形成思维语意的协调性，提高语言中枢掌控发音系统用思维语意执行语言行为的能力，使语言行为走上逐渐形成自然语言习惯的发展道路。

口吃者要认识到我们的语言练习不是在纠正和克服语言行为中的口吃，而是在改变和消除遏制发挥语言天赋的因素，使语言功能按语言规律进行语言行为形成思维语言行为方式。语言练习不但要改善大脑组织内语言活动形成思维语意的协调性，提高语言中枢掌控发音系统执行语言行为的能力，更要从根本上改变非语言化思维习惯，以引导改变口吃语言意识，在自我意识逐渐形成自然语言意识过程中，使语言行为自然形成思维语言行为方式。成人逻辑思维自我意识较强，语言行为时非语言化思维习惯引导语言意识，就习惯性地转移在语言的发音上。语言行为时非语言化思维习惯引导形成口吃语言意识，是导致大脑语言功能形成思维语意产生障碍的开始，也是语言行为形成口吃语言行为方式的根源。口吃者语言行为时大脑组织内语言功能活动的协调性较差，长期缺乏正常语言行为实践又造成了发音系统语言功能行为能力的下降。语言行为离不开发音系统的发音行为，而发音系统语言行为中的口吃表现，不是发音系统语言行为能力造成的。单纯发音行为练习是机械思维主导下的语言行为表现，大脑语言功能形成思维语意也是模式化思维信息的重复，而我们在现实生活中思维活动是丰富多彩和千变万化的。所以单纯发音练习提高了发音系统语言行为的能力，改善语言行为中口吃表现也是暂时的现象。我们只有通过语言练习改善了大脑语言功能活动形成思维语意的协调性，使思维语言行为方式的感觉和体会形成了参照样本，自我意识才能逐渐形成自然的语言意识。口吃者要明白这个道理，口吃表现不是通过语言练习来消除的，而是通过语言练习使语言行为方式回归自然规律的发展轨道，这才是我们对语言练习目的的正确认识。

口吃者对语言练习的目的要有正确认识，要知道我们为什么要练，要练什么和如何去练。我们通过语言练习使语言行为形成思维语言行为方式，是逐渐改变语言功能不按语言规律进行语言行为的过程。口吃者认识了语言练习的目的，才能掌握语言练习的科学方法达到语言练习的目的。

5. 语言练习与提高语言行为能力

语速，一般是指语言行为表达思维信息的速度。语速快慢与大脑语言功能形成思维语意的娴熟有直接关系，还与语言中枢掌控发音系统用思维语意执行语言行为的能力有关。发音系统能顺畅自然地进行语言行为取决于两个主要因素：①大脑组织内语言活动的协调性，即布洛卡区使思维信息形成思维语意的娴熟程度和速度。②语言中枢掌控发音系统用思维语意执行语言行为的能力，及发音系统用思维语意表达思维信息进行语言行为的能力。儿童发生生理性口吃是还不具备自然进行语言行为的生理因素造成的。成人口吃者语言系统发育均已成熟，还会出现语言行为能力差的情况。一方面是大脑语言功能活动形成思维语意产生了障碍，遏制了发音系统语言行为的正常发挥。另一方面是口吃语言习惯，使发音系统语言行为能力得不到正常的练习和实践，而受到了一定程度的衰弱造成的。重度口吃者语言行为时面部出现抽动而语言行为无法正常进行，就是发音系统肌肉运动比较僵硬和不协调，发音系统语言行为能力极差的典型表现。口吃语言习惯使口吃者语言行为摆脱不了口吃语言行为模式，语言中枢掌控发音系统一直不能自然地进行语言行为，使口吃者发音系统语言行为能力越来越差，也妨碍了语言行为整体能力的自然发挥。我们通过语言练习可以把一段较难说的绕口令说得很流利顺畅，这就说明语言练习是可以提高语言中枢掌控发音系统执行语言行为能力及发音系统自身语言行为能力的。

口吃者语言练习前先要搞清楚语言练习的目的与提高语言行为能力的关系，才能使语言练习真正达到提高语言行为能力的效果。语言行为时大脑语言功能活动形成思维语意产生了障碍，是遏制发音系统语言行为能力正常发挥的根源。语言练习单纯地提高了发音系统语言行为能力，而不改善大脑语言功能使思维信息形成思维语意的协调性，是不可能从根本上提高语言中枢掌控发音系统执行语言行为能力及发音系统自身语言行为能力的。为什么很多口吃者通过语言练习，可以把复杂的绕口令说得很顺畅流利，而回到现实生活中口吃还是依旧？ 这就是因为他们语言练习的方法，只是为了练习发音系统语言行为的能力，而没有从根本上改善大脑语言功能活动形成思维语意的协调性所致。口吃者的语言练习是使语言行为形成思维语言行为方式来改善大脑组织内语言活动形成思维语意的协调性。从提高语言中枢掌控执行发音系统语言行为的能力，达到提高发音系统自身语言行为的能力。口吃者通过语言练习使语言行为形成了思维语言行为方式，发音系统语言行为能力会自然地提高，这才是我们通过语言练习提高语言行为能力的正确认识。

语言练习只是提高语言行为能力的手段和方法，语言练习只有围绕语言练习的目的进行才能达到语言练习的效果。口吃者正确认识了语言练习与语言练习目的的关系，才能使语言练习真正达到提高语言行为能力的效果。

6. 成人口吃的语言练习

成人口吃者语言行为时的四个特征。

1）非语言化思维习惯引导语言意识习惯性地转移在语言发音上，使发音系统语言行为习惯性地与思维信息产生脱节。

2）语言意识不善于激发布洛卡区使思维信息形成思维语意，造成不能用思维语意引导发音系统进行语言行为。

3）大脑组织内语言功能按内在规律进行活动的协调性差，语言中枢掌控发音系统执行语言行为的能力，和发音系统自身语言行为的能力都比较差。

4）大脑组织内很少或没有自然进行语言行为的感觉和体会，对语言行为有恐惧感和缺乏自信心。

成人口吃者的语言练习主要根据语言行为时的特征，在认识语言行为与口吃基础上围绕语言练习的目的，按改变和消除口吃的要点和方法分步骤逐渐地进行。

(1) 培养形成有意识感悟音感好的语言行为的自我意识，加深大脑组织内思维与语意形成联系的语言样本

感悟和认识语言行为时语言化思维活动方式的感觉和体会，由改变非语言化思维习惯引导改变口吃语言意识。

口吃者在现实生活中要充分利用语言环境，经常有意识地感悟音感好的语言行为。如看电视、听广播或利用各种场合聆听他人的语言。口吃者在语言思维基础上有意识地感悟音感好的语言行为，有助于加深大脑组织内思维与语意、语意与思维语意的内在联系，有利于说话时形成语言化思维活动方式。

(2) 用意识形语言行为练习，改善大脑组织内语言功能活动形成思维语意的协调性，培养形成自然的语言意识

通过意识形语言行为练习结合发音系统语言行为练习，引导语言中枢控制指挥发音系统形成思维语言行为方式。

思维活动、语言意识与大脑语言功能活动是大脑组织内部的活动，也是语言产生和控制指挥发音系统进行语言行为的根本。意识形语言行为是没有发音系统语言行为参与，大脑组织内语言活动按内在规律进行的“内心”语言行为。口吃者通过意识形语言行为练习，改善了大脑组织内思维活动、语言意识和语言功能活动形成思维语意的协调性，为发音系统用思维语意顺畅自然地进行语言行为奠定了基础。我们通过意识形语言练习改善大脑组织内语言活动的协调性，是协调语言意识激发布洛卡区形成思维语意的内在练习。口吃者在进行

发音系统语言练习前，先要参照音感好的语言样本进行意识形语言行为练习。也可以在看书时根据文字语言的信息，在语言思维基础上进行意识形语言行为练习。口吃者从意识形语言行为练习到形成思维语言行为方式，不能操之过急要顺其自然。语言练习要根据意识形语言行为的感觉和体会，再结合发音系统语言行为的感觉和体会，在实践中由知、情、意逐渐融合水到渠成地进行。我们在意识形语言练习与发音系统语言行为相结合的过程中，加深了思维语言行为方式进行语言行为的感觉和体会。意识形语言意识逐渐形成了思维活动自我意识自然的语言意识，发音系统在语言中枢掌控下就能水到渠成地按思维语言行为方式进行语言行为了。

(3) 用思维语意引导语言中枢掌控发音系统进行语言行为

口吃者用思维语意引导语言中枢掌控发音系统进行语言行为，就是使发音系统形成思维语言行为方式的切入点。不但有利于发音系统形成思维语言行为方式，发音系统语言行为能力也会在实践中逐渐地得到发挥和发展。

我们在刚开始用思维语意引导语言中枢掌控发音系统进行语言行为时，不要强调发音系统语言行为的质量，而要坚持用思维语意引导发音系统进行语言行为的感觉和体会。通过语言练习和实践，使语言意识转移在语言发音上的习惯逐步地改变过来。俗话说，万事开头难。口吃发生在语言行为中而主要表现在语言行为的开始，口吃者坚持以语言样本的感觉和体会，用思维语意引导发音系统进行语言行为，使发音系统在语言行为开始就能走上思维语言行为方式的轨道。口吃者能较好地改善语言行为开头难的障碍，就能很好地淡化口吃语言意识和削弱语言行为的恐惧感。语言行为形成思维语言行为方式是一个在实践中渐进发展的过程，语言练习贵在坚持，效果主要取决于感觉和体会语言行为形成印象和概念的样本。

（4）提高语言中枢掌控发音系统用思维语意进行语言行为的能力

口吃者在语言练习过程中对思维语言行为方式进行语言行为有了感觉和体会，就要提高语言中枢掌控发音系统用思维语意进行语言行为的能力。这就要求我们的语言练习要根据情绪、环境等因素而生动丰富，使语言练习更贴近于现实生活。我们在刚开始由意识形语言练习过渡到发音系统进行语言行为时，只要求语言行为进行而不强调语言行为的质量。我们在练习提高语言中枢掌控发音系统用思维语意进行语言行为能力时，即要求语言行为的进行又要求语言行为的质量。我们在实践中逐渐提高了语言中枢掌控发音系统用思维语意进行语言行为的能力，发音系统自身的语言行为能力也会自然地得以提高。每个人是生物的个体，语言行为中发生口吃的原因也比较复杂，具体方法口吃者也可参照改变和消除口吃的要点和方法有针对性地进行。

7. 切合自身实际进行语言练习

我们把口吃表现分为轻度、中度和重度，是为了分析造成这三种口吃表现的原因。尽管这三种口吃表现程度有着内在联系，口吃者在日常生活中口吃表现的程度也是不均衡的。切合自身实际进行语言练习和训练，就是口吃者根据不同口吃表现的不同原因，结合自身具体情况有针对性地进行语言练习。语言行为表达思维信息是一个极其复杂而微妙的过程，在此我们只能对不同程度口吃表现存在的普遍性现象做一些探讨和分析。

(1) 轻度口吃

轻度口吃主要是在语言行为开始，有重复已完成语言行为的口吃表现。发生这些情况除了口吃者有非语言化思维习惯的原因，还与口吃者记忆中对某个语音或词语出现口吃概率较高，语言行为时有回避或绕开这些语音或词语的思维活动有关。这时思维活动就会引导语言意识，使大脑组织语言活动寻找能替代原来思维信息的其他思维语意。语言行为时大脑语言功能形成替代原来思维信息的其他思维语意需要过程，为了回避和绕开这些语音或词语，发音系统语言行为与思维信息就产生了暂时的脱节。这样语言行为就会出现停留在已完成的语音上，或反复重复已完成语言行为的口吃表现。口吃者在语言练习前，先想办法加深这些语音和词语形成思维语意的感悟和认识，在语言练习过程中加深形成思维语意进行语言行为的感觉和体会。口吃者在语言练习中使大脑组织内语言行为的感觉和体会形成了样本，语言中枢控制指挥发音系统就会参照样本对语言行为做出调整。我们通过语言练习改善了大脑语言功能使这些语音和词语形成思维语意的协调性，提高了语言中枢掌控发音系统参照样本进行语言行为的能力。我们语言行为再遇到这些语音和词语时，思维活动就不会或减少受到干扰和波动。思维活动回避和绕开这些语音和词语的自我意识就会减弱，发音系统就能参照样本顺畅自然地进行语言行为了。我们通过语言练习增强了自然进行语言行为的自信心，就能逐渐消除重复语言行为的轻度口吃表现。

(2) 中度口吃

中度口吃表现主要是指语言行为时，有语音拉长、停顿、不顺畅等口吃表现。发生这种情况是口吃者语言行为时，非语言化思维活动引导语言意识习惯性地转移在语言发音上所致。中度口吃者要通过意识形语言行为练习，改善语言行为时非语言化思维习惯和培养形成自我意识自然的语言意识。在意识形语言行为练习过程中，逐步改善大脑组织内语言活动形成思维语意的协调性，再结合用思维语意引导语言中枢掌控发音系统进行语言行为的练习。使我们在语言行为一开始思维活动引导语言意识，使语言行为就走上形成思维语言行为方式的轨道。中度口吃者要根据自身实际情况分步进行语言练习，在加深感觉和体会思维语言行为方式基础上，提高语言中枢掌控发音系统用思维语意进行语言行为的能力。中度口吃者改变和消除口吃的重点，要放在用思维语意引导语言中枢掌控发音系统形成思维语言行为方式上。要分步骤地用意识形语言行为进行练习，逐步改善大脑组织内语言活动形成思维语意的协调性，培养和形成思维活动自我意识自然的语言意识。用意识形语言行为与用思维语意引导发音系统进行语言行为相结合的语言练习，提高语言中枢掌控发音系统用思维语意进行语言行为的能力，语言行为中语音拉长、停顿、不顺畅等口吃现象就能逐渐地改善直至消失。

(3) 重度口吃

重度口吃表现主要是语言行为时，有发音困难、发不出音、语言行为很费劲吃力的口吃表现。重度口吃者语言行为时非语言化思维习惯引导口吃语言意识根深蒂固，口吃者要在认真学习语言行为与口吃的理论基础上，认识和理解改变和消除口吃的要点和方法。重度口吃者在消除口吃语言习惯的过程中，要从改变语言行为时非语言化思维活动方式入手，以意识形语言行为练习培养形成自然语言意识为重点。重度口吃者要认识和理解语言性质、语言形成的规律、语言行为的基本形式、语言自然规律和思维语言行为方式的内涵。在学习认识语言行为与口吃理论基础上，理解改变和消除口吃的思路和过程，树立掌握运用思维语言行为方式的自信心。重度口吃者语言练习的重点，要放在意识形语言行为练习上，要从根本上改善大脑语言功能活动形成思维语意的障碍。用认识语言规律形成的理性认识，引导感性认识进行思维语言行为方式的实践。在语言练习实践中加深思维语言行为方式的感觉和体会，使语言行为逐渐走上形成自然语言习惯的发展道路。重度口吃者要按改变和消除口吃的要点和方法，分阶段有步骤地坚持思维语言行为方式的语言练习，我们语言行为一定能走上逐渐发展形成自然语言习惯的道路。

结束语

口吃者都有漫长口吃痛苦的切身经历，口吃痛苦是无口吃语言习惯者所难以感受和想象的，所以口吃者与无口吃者在认识口吃上存在很大差异。自然是有规律的，规律是可以发现的，我们不用科学态度和方法探索自然的本质是无法发现自然规律的。语言行为中的口吃与非口吃并不存在鸿沟，只是我们在认识和理解的思路与方法上出现了一些偏差，使我们在偏差认识的引导下越走越远。这就是“差之毫厘，失之千里”的道理。口吃者认识了语言自然规律和口吃语言规律区别的本质，才能真正认识语言行为中发生口吃的起因和原因。自然就是规律，规律存在于自然之中，这是不以我们的意志而转移的。我们认识了规律并按规律顺其自然，才能在自然中掌握和运用规律。口吃这一语言行为中的特殊现象，只要我们认识了它的规律和特点，它已不再是一个不可琢磨和不可驾驭的怪物了。

语言功能表达思维信息进行语言行为，语言行为方式都有各自的内在规律，正因为有规律存在也必然存在不按规律进行和发展的行为和行为方式。纵观历史和当今关于治疗口吃的种种方法，它们在理论上或多或少都有所欠缺，也给广大口吃者在消除口吃语言习惯过程中带来了诸多不确定因素。为了帮助广大口吃者实现消除口吃语言习惯的夙愿，本人把二十几年探索语言行为与口吃的发现和经验，总结汇编成《语言行为与口吃》奉献给大家。望《语言行为与口吃》能帮助口吃者消除口吃语言习惯，使生活更美好。